REGENERAÇÃO HUMANA

Palestras e Debates

Radha Burnier

REGENERAÇÃO HUMANA

Palestras e Debates

Tradução
Adolpho José da Silva

Revisão
Cristina Schumacher

EDITORA TEOSÓFICA

Título do Original
Human Regeneration
Edição em Inglês, 1990
Uitgeverij der Theosofische
Vereniging in Nederland/Amsterdam

Edição em Português
1992, Editora Teosófica

EDITORA TEOSÓFICA, Sociedade Civil
SGAS – Quadra-603 – Módulo-20
70200-630 – Brasília-DF, Brasil
Tel.: (061) 226-0662
Fax: (061) 226-3703

Capa: Fernando Lopes
Composição: João Batista Martins da Silva
Diagramação: Ivana Guimarães Stoimenof de Sousa
Equipe de Revisão: Cristina Schumacher, Regina Vitória Ruzzante Viera,
Zeneida Cereja da Silva e Jane Dullius

Sumário

Prefácio à Edição Brasileira

Esta obra destaca algo vital. Numa época em que estão ocorrendo mudanças sociais em ritmo crescente é urgente a necessidade de uma mudança interior. O desafio da transformação interna torna-se mais agudo.

Como é enfatizado no texto, se a mente humana não se modificar, será viável uma harmonia social estável e duradoura? "É a condição da mente que constitui a fonte do problema". A origem dos problemas, conflitos e de todo o mal que se espalha pela face da Terra está no egoísmo. O "eu" egoísta pode perturbar tudo.

As circunstâncias externas refletem o que está dentro da mente humana – "O que está dentro e o que está fora não são diferentes". A base, a raiz, de todas as dificuldades está na condição psicológica. A mente está acostumada a fragmentar, dividir e separar. É imprescindível libertar a mente deste processo.

Esta é a grande mudança necessária. É isto o que a autora indica como sendo a "Regeneração". Assim, a regeneração fundamental é a mudança do egoísmo, do egocentrismo e da autoprecupação, para um estado de compaixão, de unidade e de solidariedade. Nesta mutação a pessoa compreende que "o bem-estar de outras pessoas tem a mesma importância, senão maior do que o nosso".

Erradicar o egoísmo da mente humana é a revolução radical. É a alquimia que transmuta e sensibiliza. E quando a condição interna mudar, o mundo se transformará.

Com este objetivo foi realizado na Holanda, em 1990, um longo seminário, sob a coordenação da senhora Radha Burnier, sendo um trabalho conjunto visando tornar a mente mais perceptiva e receptiva. Pelo fato deste encontro ser dirigido especialmente para membros e simpatizantes da Sociedade Teosófica, da qual a oradora é a "Presidente Internacional", há referências a esta Sociedade e a seus objetivos. No entanto, esta obra pretende ser abrangente, oferecendo a todas as pessoas interessadas no tema da regeneração, uma reflexão desvinculada de dogmas religiosos ou filosóficos. A teosofia deve ser uma força viva na vida das pessoas e não um sistema de idéias. A Sociedade Teosófica sempre estimula a liberdade de pensamento e não se apresenta como sendo portadora de verdades. Desde H.P. Blavatsky e H.S. Olcott até os nossos dias tem sido um espaço para a reflexão e a investigação sem limites.

Dessa forma, decidiu-se preservar na íntegra o conteúdo do seminário, por julgarmos que ele é válido para o público em geral – para todos aqueles que almejam a regeneração espiritual.

A EDITORA

Prefácio

Teosofistas e indivíduos que desejam tornar-se teosofistas estão todos unidos por uma devoção comum à Regeneração do Homem. Podem divergir quanto a convicções, interesses ou abordagem. Os ensinamentos de Buda, Jesus, Blavatsky, Besant, Krishnamurti ou de algum outro instrutor podem inspirar algumas pessoas e a outras, não. Mas existe um forte vínculo comum, ou seja, uma profunda preocupação com o progresso e a perfeição da humanidade, não apenas nos níveis material e intelectual, como também nos níveis moral e espiritual.

Reconhecendo a regeneração como o núcleo de todo o trabalho teosófico, o Centro Teosófico Internacional em Naarden, Países Baixos, juntamente com a Federação das Sociedades Teosóficas na Europa, organizou dois seminários em junho de 1990, tendo como participantes vários administradores, colaboradores e membros da Sociedade vindos de diferentes países. Também compareceram representantes de outras partes do mundo – Estados Unidos, México, Brasil, Uruguai, Zâmbia, Israel, Índia, Austrália e outros.

Todos os dias houve palestras e debates grupais a fim de explorar profundamente as implicações da regeneração e a relação dos três objetivos da Sociedade Teosófica com a regeneração. Essas sessões deram origem a uma série de questões que os participantes se esforçaram por responder em conjunto, e a partir desse intercâmbio foram esclarecidos muitos aspectos do trabalho teosófico.

Uma atmosfera de plena harmonia e séria investigação registrou-se durante todos os quinze dias dos seminários. A bela floresta e o ambiente enobrecedor do Centro contribuíram para fomentar a compreensão e a percepção de todos os participantes. O presente livro foi idealizado com o propósito de compartilhar com outros membros da Sociedade Teosófica, que não estavam presentes, alguns dos *insights* obtidos durante estes seminários.

Também foram preparadas fitas de vídeo e de áudio, disponíveis para uso nas lojas e grupos teosóficos. Como resultado da profunda reflexão sobre o tema da regeneração por um número muito maior de pessoas, temos a esperança de que florescerá novo ímpeto no trabalho teosófico. Um teosofista não busca a sabedoria para benefício próprio. "Ele vive não para si, porém para o mundo"; e quanto mais profundamente estiver devotado à regeneração da espécie humana, tanto mais ardentemente procurará compreender-se a si próprio e ao mundo, penetrando no segredo da vida. Seu objetivo é o de descobrir a fonte de Bondade e Felicidade que é o direito inato de todos os seres vivos. Ele vive uma vida de pureza e de altruísmo a fim de tornar sua mente apta a receber luz.

O mundo inteiro será melhor quando houver mais teosofistas[1] no estrito sentido da palavra. Confiamos que estes seminários, e o material que deles se originou, venham a enriquecer muitos membros da Sociedade e também a outros interessados, transformando-os em verdadeiros teosofistas.

O Centro Teosófico Internacional não poderia ter agido melhor, para iniciar nova carreira de serviço ao mundo, propiciando como tema de investigação algo tão importante quanto a regeneração humana. A Seção Holandesa da Sociedade Teosófica está também prestando um serviço valioso ao enfatizar tal aspecto.

Radha Burnier
Presidente da Sociedade Teosófica

Adyar – Índia
17 de novembro de 1990

---

1 A palavra teosofista tem o significado de "aquele que busca vivenciar a Sabedoria Divina", não necessriamente membros da S.T. (N.E.)

I

Palestras

1

O Trabalho da Sociedade Teosófica e a Mudança Fundamental no Homem e na Sociedade

Estamos nos reunindo no contexto de importantes mudanças que estão se produzindo atualmente, sobretudo na Europa. Outros tempos houve na história do mundo em que grandes mudanças pareciam estar se concretizando. Mas o mundo sempre retorna a uma condição de caos; e a degeneração instala-se em todas as instituições, sociais ou políticas.

O tema da regeneração humana é muito importante, porque uma mudança realmente transcendental na história da humanidade ocorrerá somente quando houver uma mudança revolucionária no ser humano. É provável que certo número de seres humanos precise mudar para trazer uma mudança radical no curso da história humana. Portanto, é importante que exploremos esta questão.

Todas as civilizações precisam enfrentar desafios de várias espécies. Se não enfrentam o desafio adequadamente, uma nação ou um povo fracassará; a civilização começará a desaparecer. Historiadores, como Toynbee, apresentaram uma teoria de desafio e resposta. Aos poucos o mundo moderno se conscientiza da enormidade do desafio enfrentado por nossa atual civilização, se é que pode ser chamada de civilização. Tivemos duas terríveis guerras mundiais, além de várias outras disputas trágicas e guerras menores (secundárias apenas em comparação com as guerras mundiais). O perigo não se dissipou, embora se fale em paz; não podemos eliminar a possibilidade de irromperem outras guerras, apenas porque a Europa está mudando.

Há também o perigo da degradação ambiental alcançar um ponto em que ameace o mundo inteiro. Alguns peritos acreditam que, dentro de mais dez ou quinze anos, alcançaremos um ponto crítico além de toda a imaginação possível no momento. Seja qual for, trata-se de uma ameaça muito grave. A proliferação de armas não conduz apenas à guerra. O desarmamento pode realizar-se na Europa Ocidental e Oriental, porém as armas estão sendo distribuídas para muitas partes do mundo. A violência está aumentando em toda a parte, na forma de terrorismo, violência urbana e assim por diante.

Há ainda o problema da superpopulação, séria ameaça, trazendo a pobreza como conseqüência. Talvez aqueles que ainda não tenham estado em áreas realmente afetadas pela pobreza não possuam uma idéia clara do que ela significa. Extrema pobreza resulta em degradação moral, crime e muitas formas de horror. Os pobres não podem remediar esta situação, porque a única coisa que lhes importa é permanecer vivos.

São esses, assim, os enormes problemas no mundo contemporâneo, os quais constituem o desafio externo. Infelizmente, há várias pessoas que não desejam encarar de forma aberta nem mesmo o desafio externo. Preferem ignorar alguns ou todos os aspectos do mesmo. E existem muitos outros que não compreendem que os desafios enfrentados pelas civilizações não são apenas externos; o desafio externo é o reflexo de algo no interior do ser humano. Atualmente, esta ameaça interna está longe de ser clara para a humanidade; um número muito reduzido de pessoas compreende que a fonte real do problema está na psique do homem. E nós nunca tratamos adequadamente os desafios externos, porque não queremos encarar e tratar o desafio interno.

Penso que o trabalho da Sociedade Teosófica é o de apontar na direção do desafio interno, porque sua visão e enfrentamento são de importância muito maior do que a mera continuação do confronto externo.

Se não olharmos para a origem do problema e permanecermos atentando aos seus efeitos, então serão encontradas, sempre, soluções temporárias, parciais e superficiais. É por isso que, embora tenhamos razão para nos sentirmos felizes com as mudanças agora realizadas na Europa, não podemos nos sentir seguros, pois não sabemos de que maneira a estabilidade que foi gerada será outra vez perturbada.

Se a mente humana não se modificar, será que a sociedade poderá permanecer estável? Em uma das cartas dos *Mahatmas* há a seguinte observação: "A origem de todo o mal, seja pequeno ou grande, está na ação humana, no homem cuja inteligência transforma-o no único agente livre na Natureza". Os desafios externos são nossa criação, porque nos dividimos em nações, grupos, categorias de várias espécies, quase sempre identificando-nos com apenas uma. Pensamos que os problemas não foram criados por nós, que o resto do mundo criou as dificuldades. Mas se olharmos mais de perto, poderemos verificar que, basicamente, nossa natureza não difere daquela relativa ao restante do mundo. O *Mahatma* continua: "Não é nem a Natureza nem uma Divindade imaginária que deve ser culpada, mas a natureza humana tornada vil em conseqüência do *egoísmo.* Pense bem sobre essas poucas palavras." Esse foi o seu alerta: pense bem sobre essas poucas palavras.

Não deveria a S.T.[1] preocupar-se a fundo com uma solução permanente – uma solução que transformará a sociedade humana, não apenas um pouco, não apenas em um setor específico, e em ocasião determinada, mas uma solução que lhe dará novo direcionamento? Até agora, apesar de várias revoluções e mudanças políticas – sejam do capitalismo ao socialismo, ou envolvendo a estrutura econômica, novas ideologias e teorias – apesar de todas essas tentativas para remodelar a sociedade e aperfeiçoá-la, o estado do mundo tem sido mais ou menos o mesmo. Temos, naturalmente, muitos confortos – calefação central etc., e as pessoas podem ir até a Lua. E não é a esses confortos que estou me referindo, mas à condição básica da humanidade, isto

1 S.T. – Sociedade Teosófica. (N.E.)

é, às lutas, à competição, à tensão, à guerra – denominada "insanidade levada às ultimas conseqüências" – tudo isso está acontecendo. Há a exploração de pessoas por outras pessoas – escravidão, opressão feminina, uso da mão-de-obra infantil – tudo isso ainda está ocorrendo e poderá continuar assim durante muito tempo. Campos de concentração na Europa ou escravidão na Mauritânia são a mesma coisa. Basicamente, o mundo não mudou. E isso, é claro, porque não fomos até a raiz do problema e não enfrentamos, na sua totalidade, o desafio humano. Apenas olhamos para fora e não percebemos que o exterior originou-se no interior.

É a condição da mente que constitui a fonte do problema, e isso se aplica tanto ao indivíduo como também a toda a humanidade. Cada um de nós deve ter dificuldades de alguma espécie as quais precisa enfrentar na vida. Na família e na profissão há desavenças, decepções, desejo de posse e frustração pela ausência da posse. Todo tipo de perturbações surge em cada indivíduo, mas ele atribui seus problemas pessoais mais ao meio ambiente do que à própria mente. Portanto, está sempre tentando mudar as circunstâncias ou escapar de situações específicas, ou responsabilizar ou ainda culpar terceiros. Não se dedica a enfrentar a própria condição interior.

O que é verdadeiro com relação à humanidade aplica-se, em menor dimensão, ao indivíduo e à sua vida. Portanto, precisamos ver que não existe diferença entre o indivíduo e a sociedade em que ele vive, ou a sociedade humana como um todo. O que fazemos com nossas pequenas vidas é o mesmo que a massa da humanidade, está fazendo. Somos um reflexo da humanidade, e a humanidade é aquilo que somos. O Sr. Krishnamurti[2] reiteradas vezes destacou este fato, que o mundo não é diferente de nós mesmos: "Como todos os seres humanos são basicamente iguais, pode-se com razão dizer que o mundo é a própria pessoa e que a pessoa é o mundo. Este é um fato absoluto, como se pode perceber quando nele se penetra em profundidade." Mas talvez seja justamente isso que não estejamos fazendo; não nos aprofundamos o suficiente e, portanto, não vemos a necessidade de se produzir a regeneração.

---

2 Pensador contemporâneo muito atuante em todo o mundo, já com vários livros editados no Brasil. (N.E.)

A sociedade não pode ser tratada à parte do indivíduo; e este nunca poderá encontrar-se em circunstâncias felizes se depender da sociedade para mudar. Assim, os dois precisam ser abordados em conjunto. Hoje o mundo enfrenta o desafio da união ou desunião, da cooperação ou confronto e conflito. Estará apenas o mundo enfrentando isso ou será que cada um de nós precisa ver se os elementos de tal situação não se encontram em nossa mente? Se há divisão no mundo atual – o que torna tão difícil encontrar soluções para questões como as aqui descritas – pobreza, guerra e desarmamento – não será por nos recusarmos a lidar com a separatividade em nossa mente?

Gostaria de citar mais uma passagem, esta de H.P.B.[2]. Ela diz: "Nosso dever é o de manter vivas no homem as suas intuições espirituais. Opor-se e reagir – após devida investigação e prova de sua natureza irracional – ao fanatismo em todas as formas, sejam elas religiosas, científicas ou sociais, e opor-se sobretudo ao discurso falso, seja enquanto sectarismo religioso, crença em milagres ou em qualquer fato sobrenatural. O que temos de fazer é procurar obter conhecimento de todas as leis da Natureza e divulgá-lo."

Aqui, H.P.B. aborda o fato de que se houver fanatismo, sectarismo – a tendência à compartimentalização nas mentes das pessoas – a humanidade não poderá encontrar-se em um estado de cooperação e de paz. As soluções sempre falharam porque estivemos lidando apenas com a sociedade e não com nós mesmos. Para mim está claro que o principal trabalho da S.T. é o de apontar para o desafio interno, auxiliando o mundo a lidar radicalmente com seus problemas. Não devemos nos tornar um grupo de pessoas que estão apenas interessadas na alteração de estruturas, sistemas e métodos. Não estou dizendo, por outro lado, que não deveríamos participar na operacionalização de mudanças externas. Porém, isso não pode ser o trabalho fundamental da Sociedade, o núcleo de suas atividades, algo essencial para sua existência.

Também a S.T. defende uma solução que se aplique a toda a humanidade e não apenas a um segmento da mesma. Em toda

3 H.P.B. – Helena Petrovna Blavatsky, renomada escritora estudiosa da filosofia esotérica e principal fundadora da Sociedade Teosófica. (N.E.)

a parte as pessoas têm seu próprio ângulo para a abordagem de problemas, sejam eles a guerra ou a pobreza. São incapazes de se afastarem de seu ponto de vista específico, baseados que estão nos seus próprios interesses. A solução, portanto, nunca é correta. Se for um problema ambiental, a Índia poderá querer uma solução que atenda às suas necessidades, e a Europa ou a Holanda, ou seja qual for a nação, poderá querer a solução que lhes apareça como a mais vantajosa. Olhamos para todos os problemas de modo setorial, dirigidos por alguma forma de autointeresse. Porém o ponto de vista teosófico terá de ser universal, pois nenhum problema pode realmente ser solucionado de maneira fragmentada, em especial no mundo contemporâneo, onde todas as nações e povos estão interligados. Vocês conhecem a idéia da "Espaçonave Terra"; se a espaçonave sucumbir, todos nós a acompanharemos; se ela viajar bem, todos nós estaremos seguros. Não existe uma solução separada para qualquer coisa que seja. Embora isso pareça bastante óbvio, existem milhões de pessoas que não conseguem sequer olhar para essa questão sob sua verdadeira luz. A S.T. precisa abrir o caminho através de uma ação pioneira, a qual envolva a visão global e não a visão nacionalista ou fragmentária.

Para os membros da Sociedade deveria estar claro que a mente fragmentada não pode abordar os problemas da atualidade; na realidade, jamais conseguiu fazê-lo. Hoje estamos em um mundo onde as mudanças tecnológicas ocasionaram um inter-relacionamento total, oniabarcante. Nenhuma parte da Terra pode usufruir de segurança e prosperidade sem compartilhar com o restante do planeta. Nenhum esforço fragmentário poderá ter êxito e nenhuma solução trazida por tal esforço terá caráter duradouro, porque a mente fragmentada é a própria autora dos problemas. Se não tivéssemos mentes fragmentadas, não enfrentaríamos essas enormes dificuldades e desafios. Se olharmos cuidadosamente, verificaremos que a visão estreita e as perspectivas limitadas são a base das dificuldades.

Portanto, a S.T. tem o dever e a responsabilidade de mostrar a necessidade da autocompreensão. Não sabemos o que é o nosso próprio bem, porque nossa visão está limitada. Há pessoas que sabem que a destruição da vegetação trará grandes danos. Porém, mesmo assim, destroem-na, pois querem lucros imediatos. Tal ação existe em muitos setores. A vantagem imediata é procurada, uma vez que é muito mais atraente do que uma solução a longo prazo. Isso ocorre devido à idéia errada que temos de nós mesmos, uma falta de perspectiva com relação às próprias vidas. A teosofia fornece a perspectiva necessária. A menos que o homem conheça a si mesmo – o que deverá ser seu futuro, em que direção deverá mover-se – como poderá ele proceder de forma correta?

Assim, é de vital importância que o ser humano esteja consciente de si e de sua verdadeira natureza, tendo discernimento sobre seu potencial interior. Esta não é uma questão teórica. Até mesmo quando lidamos com esse assunto, costumamos ter a tendência de fazê-lo parecer abstrato, pouco relacionado com a vida diária. Alguns pensadores disseram que a sociedade é formada segundo a imagem que o homem tem de si mesmo. Isso é verdade, sem dúvida. Nós criamos nossa sociedade de acordo com o conceito que temos acerca de nós mesmos.

O que sabemos sobre nós próprios? Será que a imagem que temos de nós está completamente errada – a imagem de uma criatura pequena, a debater-se, insegura, em busca de algo? Será que o homem é destinado a ser isso? A compreensão teosófica do homem é muito importante a partir de um ponto de vista prático, porque se compreendermos verdadeiramente aquilo que somos, as nossas relações se modificarão. Se eu penso sobre mim mesmo como uma criatura trivial, que precisa agarrar-se a tudo que for possível, então minha atitude será ávida, utilitária, competitiva. Mas se eu compreender o que realmente sou, tudo isso é automaticamente deixado de lado, e minhas relações serão de ordem totalmente diferente. Isso possui imenso valor prático, do qual talvez não estejamos de todo conscientes.

Toda a nossa visão daquilo que é prático pode estar errada, da mesma maneira como a nossa idéia do progresso está errada. E, como membros da S.T., responsáveis pela consecução de seus objetivos, precisamos esclarecer o que é o progresso. O que é de fato prático? Com certeza, não é nada prático conhecermos tão pouco sobre nós mesmos e, tentando mesmo assim criar nossa própria felicidade e realização, acreditar que estejamos criando algo de bom para nós quando nem mesmo sabemos o que é o bem.

Em resumo, no contexto do mundo atual, a S.T. deverá destacar determinados pontos. Deverá tornar claro que não é suficiente lidar apenas com os desafios externos. O desafio externo é um produto do desafio interno, o qual surge dentro da mente, na psique. A sociedade humana não poderá mudar, a menos que os indivíduos mudem, e a mudança terá de ser na direção da perspectiva da universalidade. As soluções até agora fracassaram por terem sido todas fragmentárias, surgindo de mentes fragmentadas. São soluções para uma época, para um determinado povo, destinadas a beneficiar uma determinada área. Mas os problemas contemporâneos requerem uma perspectiva universal. Uma visão restrita do ser humano e do seu destino pode apenas resultar em novas dificuldades. Torna-se necessária uma abordagem muito mais ampla, a qual é fornecida pela teosofia. É importante para o ser humano saber o que ele é e o que pode ser. Mesmo se ele conseguir vislumbrar apenas uma parcela deste aspecto, isto alterará a sua relação com tudo, não apenas com outros seres humanos, mas com tudo na vida. Se a nova perspectiva mudar a relação, ela começará também a mudar a sociedade, pois o que é a sociedade senão uma teia de inter-relações?

Assim, a S.T. tem uma responsabilidade importante a cumprir, que é a de ocasionar uma renovação na maneira com que as pessoas vêem os fatos, que também será uma renovação nas relações e na sociedade. Tudo isso precisa ser abordado detalhadamente. Outros aspectos da questão surgirão. A mera obtenção de algumas poucas idéias sobre esses assuntos não resultará em sua compreensão. Deveríamos procurar ver toda a questão muito claramente, na profundeza dos nossos corações. Deveríamos questionar-nos: Do que necessita a humanidade? Qual é a mudança fundamental que precisa ocorrer na sociedade? Poderá essa mudança ter lugar sem que se produza uma mudança radical nos seres humanos? Qual é o papel da S.T. na produção dessa mudança necessária? Não será para pôr um fim a tais problemas graves como a desigualdade, a exploração, a crueldade e a insegurança?

Para que a S.T. possa ser uma força benéfica no mundo, teremos que ver onde se situa o nosso trabalho. Deveríamos estar muito esclarecidos a esse respeito e não nos distrairmos com fatos relativamente destituídos de importância, buscando, sim, atingir o núcleo. Se houver clareza quanto ao trabalho central, em harmonia com o mesmo as questões secundárias serão facilmente solucionadas.

2

A Natureza da Mudança

Conforme já mencionamos, a humanidade inteira enfrenta um desafio sem precedentes – ele não se aplica apenas a uma determinada raça ou grupo de pessoas. A guerra, a corrida armamentista, poluição, pobreza, o problema populacional – todas essas questões, e também outras mais, ameaçam a humanidade. A maioria das pessoas não compreende que todos esses desafios externos refletem o que está dentro da mente humana – a sua mente, a minha mente, a mente de todos nós. O ódio que se manifesta na guerra é um reflexo da animosidade e da desconfiança em todas as nossas mentes. A pobreza reflete nossa incapacidade de nos sentirmos unos com os outros – incapacidade de compartilhar. A poluição surge da ambição de ter cada vez mais, de modo interminável. O que está dentro e o que está fora não são diferentes. Mesmo quando aceitamos isso mentalmente não fazemos um esforço real para ver a relação existente, isto é, ver que a raiz de todos os problemas está na condição psicológica do ser humano. Como não vemos isso, tentamos sempre remendar o que está fora de nós. O que imaginamos serem grandes planos para mudar o mundo nada mais representam do que um pequeno remendo superficial, temporário e inadequado.

Assim, o problema do mundo não pode ser separado da condição dos indivíduos que compõem o mundo, cuja mente é incapaz de olhar para as coisas como um todo. Como já dissemos, os problemas que atualmente existem de forma aguda são os problemas de toda a humanidade – não de uma parte do mundo, não de um povo ou de uma nação; as soluções também precisam ser soluções que abordem o todo, não podendo ser encaradas sob o ponto de vista das vantagens para um segmento da humanidade. A mente que está acostumada a dividir e fragmentar tudo sempre vê a partir de um ângulo específico, porém a mente fragmentada não pode encontrar a solução verdadeira ou permanente para os problemas, ainda mais hoje em dia, quando todos os povos e nações do mundo estão interligados. Assim, é importante libertar a mente de sua tendência trágica de olhar para tudo de forma fragmentada.

Dissemos também que se o homem não puder descobrir mais sobre si mesmo, compreendendo-se como é e também como será – o próprio potencial maravilhoso e ilimitado – tampouco poderá saber o que é bom para ele. Desta forma, ele trabalha constantemente por aquilo que pensa ser bom, mas, na realidade, cria o sofrimento. A teosofia e a Sociedade Teosófica devem e podem oferecer direção e orientação nesse sentido. Abordaremos os objetivos e o trabalho da Sociedade posteriormente. Hoje consideraremos a natureza da mudança fundamental.

Surgiram perguntas sobre o que é fundamental. Existirá alguma coisa fundamental? Haverá alguma diferença entre o subsidiário e o básico? Podemos afirmar que uma mudança fundamental é aquela que soluciona os inúmeros e diferentes problemas de uma só vez, por assim dizer. É como arrancar uma erva daninha. Se você cortar os seus ramos, eles poderão tornar a brotar. Na mitologia hindu há o demônio ou antideus chamado Ravana, que tem dez cabeças. Ele foi invencível durante eras, pois quando uma ou duas cabeças eram cortadas, outras tornavam a crescer. Por fim, a encarnação divina, Rama, cortou todas as cabeças com um só golpe e pôs um fim ao mal.

Em nossas vidas pessoais, bem como na comunidade que nos circunda, encontramos problemas contínuos. Há países nos quais há pouca ordem, pessoas lançam lixo em toda a parte. Isso é naturalmente um problema subsidiário, porque você pode remover o lixo e, no próximo dia, eles lançarão mais. É óbvio que o problema mais básico encontra-se na mentalidade. Se as pessoas compreendessem que aquilo que estão fazendo é tão desagradável para elas próprias como também para todos os demais, se vissem que se todos se comportassem exatamente como elas fazem, nada melhoraria; em outras palavras, se sua atitude mudasse, a situação exterior mudaria. Assim, chegamos a algo um pouco mais fundamental do que meramente remover o lixo. Se você for mais além, verificará que essa atitude é essencialmente autocentrada, e que este entendimento egocêntrico pode expressar-se em muitas outras formas além do descuido com o lixo. Se você tratar desse egocentrismo, não apenas esse problema, mas muitos outros serão também resolvidos.

Então, a causa fundamental, a fonte dos problemas, terá de ser identificada e solucionada. Somente isso traz uma mudança fundamental, com relação e forma de vida totalmente diferentes.

Já ouvimos algumas palavras que apontam para a causa básica dos problemas da humanidade: "não é nem a Natureza nem uma Divindade imaginária que deve ser culpada, mas a natureza humana que é tornada vil em conseqüência do egoísmo." O egoísmo é a causa de todas as dificuldades da humanidade. Portanto, a mudança fundamental é a do egoísmo – que também é o egocentrismo, a autopreocupação e assim por diante – para um estado de solidariedade, harmonia e unidade, no qual se compreende que o bem-estar de outras pessoas tem a mesma importância, senão maior do que o nosso. Alguns podem saber disso teoricamente, embora milhões de pessoas nem mesmo aceitem o fato como uma proposição teórica válida. Parte do nosso trabalho, como membros da Sociedade, é usar todo o raciocínio, literatura, filosofia, formas de devoção, discussões, o exemplo de nossas vidas, tudo – para mostrar a validade desse fato. Quando a condição interna mudar do egocentrismo para a compreensão da unidade, o mundo mudará.

Novamente, gostaria de citar uma breve frase das cartas dos *Mahatmas*: "O termo 'Fraternidade Universal' não é uma expressão vã. Constitui o único fundamento seguro da moralidade universal." Examinemos um pouco o que entendemos por egoísmo. Como não somos pessoas agressivamente egoístas, temos a tendência de nos contentarmos bastante com nós mesmos. Vemos que as pessoas por demais ambiciosas, cruéis etc. criam o caos no mundo, e nós as consideramos culpadas. Em geral, somos boas pessoas – apenas como um todo – e assim não consideramos o egoísmo como um problema, sequer um mal dentro de nós. Mas procuremos ver o egoísmo interno sem sentirmos culpa. A culpa é desnecessária; todos somos egoístas. Nenhum de nós está isento.

O egocentrismo pode ser muito sutil. Precisamos nos conscientizar de que até mesmo nas relações com pessoas que nos são próximas – família, filhos, pais, um amigo pelo qual sentimos afeto – ainda existe uma barreira. Aquela pessoa é sempre o "outro", e eu sou "eu". Isso também é egoísmo. O corpo da outra pessoa é naturalmente diferente, mas por que a mente precisa considerar tudo como sendo "outro" – seres humanos, animais, árvores e até mesmo a Terra? As relações humanas são demasiado complexas. As plantas não se atravessam em nosso caminho. Nem mesmo os pobres animais podem de fato oferecernos resistência. Eles não têm chance. Mas outros seres humanos têm. Nós não podemos eliminá-los como fazemos com animais e plantas, a menos que façamos a guerra.

Qual é a nossa atitude interior com relação aos confortos? A vida costuma ser como a dança das cadeiras, onde poucas estão disponíveis e muitos estão à sua procura. Será que a posição confortável deve ser a minha? Será que caminho um pouco mais rápido para ali chegar antes de outra pessoa? Em muitos detalhes transparece o egocentrismo, se olharmos com cuidado. Quando somos indiferentes e não somos movidos pelo sentimento de compaixão em relação à condição do mundo, isso também é egoísmo. Buda disse que deveríamos compreender a dor como a primeira verdade; ela aponta para o movimento da compaixão desde o interior, uma liberação do egocentrismo da pessoa.

Mas não nos satisfaçamos com demasiada facilidade. Não devemos pensar que não haja pessoas boas neste mundo. É evidente que há muitas pessoas boas, até neste mundo desagradável. Porém ser bom é diferente de estar isento do egocentrismo, da autopreocupação e do eu em suas variadas manifestações. A mudança fundamental significa extirpar o eu de modo completo – não necessariamente em um dia. Significa verdadeiramente trabalhar para o nirvana, porque nirvana significa "pôr um fim" ao eu egoístico.

Transformamos termos como "unidade", "fraternidade", "harmonia", "compaixão" em palavras fracas. Essas palavras têm um significado profundo e revolucionário se as compreendermos adequadamente. Significa ver a natureza interna de tudo o que existe; ver que tudo na Natureza tem um propósito, um valor e um significado em si, e não aquilo que lhe atribuímos. A maioria de nós inconscientemente inclina-se a pensar que os valores existem conforme nossos preconceitos, desejos e idéias. A pessoa que consideramos ser de valor é alguém que nos agrada de alguma maneira – seja física, psicológica ou outra qualquer. Com relação a outras pessoas, pode-se não antipatizá-las ou ser contra elas, porém um profundo senso de respeito, um senso relativo ao seu valor profundo e inquestionável pode não ser percebido. Fraternidade significa algo diferente daquilo que costumamos pensar. Ela implica aprender a ver que a vida una em toda parte é maravilhosa, de um modo além de nossa imaginação, algo sutil, profundo, sagrado. Onde quer que ela esteja – e não há lugar algum onde ela não se encontre – há algo a ser respeitado, estudado, algo com que precisamos sentir-nos em harmonia, pois tal harmonia constitui a única forma real de conhecimento.

Assim, a mudança fundamental aqui mencionada é a do egoísmo para a unidade. O egoísmo, seja positivo ou negativo, até mesmo quando pareça ser nada além de indiferença ou preguiça, deverá terminar completamente. Esta mudança, no sentido da compreensão da unidade, é revolucionária, fundamental. Se o egoísmo fosse erradicado, jamais sentiríamos ira ou amargura ou entraríamos em conflito; nossa vida seria de profundo respeito pelos outros. Não tentaríamos lançar sobre eles aquilo que pensamos estar certo. Respeitaríamos os seus caminhos específicos de desenvolvimento. Não responderíamos de forma grosseira quando algo não está conforme desejamos, ou quando não nos agrada. Todas essas são expressões de egocentrismo. Todas as formas de imoralidade – ganância, ira, corrupção, o logro em todas as pequenas formas em que o praticamos – terminariam. Que grande mudança!

Também seria uma mudança da agitação e intranqüilidade para a profunda paz e harmonia, pois a fonte da agitação, da destruição e do conflito – uma parte da mente desejando algo e outra parte algo diferente – está nos desejos pessoais do eu.

Se dissemos que a mudança fundamental é do querer para o não-querer, poderá haver alguns que reagirão da seguinte forma: "como é possível não querer?" Se começarmos a pensar assim nunca poderemos mudar. Precisamos compreender que todo "querer" está destinado a terminar em frustração, porque tudo que é necessário, e muito mais, está dentro de nós mesmos. A paz está em nossa consciência porque é a própria natureza da vida e da consciência. A vida é beleza, a vida é bondade, e a pureza da unidade. Mas como lutamos e não permitimos que a vida flua desde o interior, sofremos pelo que queremos e procuramos em outras partes que não o interior.

A mudança fundamental tem assim muitas representações. É uma mudança do egoísmo para o altruísmo; das lutas internas e externas para a paz; da fealdade – há muita fealdade dentro de nós – para a beleza e harmonia. É uma mudança do estado de ignorância para o de sabedoria.

As contendas, o sentido de separatividade, são um peso que a consciência carrega, porém ela deseja afeto, anseia por relacionar-se. O egocentrismo é o epítome da ignorância. Pensamos que a ignorância será eliminada quando tivermos atingido o que costuma ser chamado de conhecimento. Porém, isso não é assim. O que é denominado conhecimento não é conhecimento de modo algum. É apenas sobrecarregar o cérebro com idéias e muitas informações. Os *Upanishads*[1], Lao Tsé e outros sábios declararam que aquele que sabe, não sabe. Aquele que realmente sabe é o que compreende a Unidade, que também é suprema beleza, harmonia, paz, amor e sabedoria que possibilita à pessoa agir de forma correta. O conhecimento que não possuir qualquer elemento de amor em si, não será verdadeiro conhecimento. A sabedoria é tanto inteligência quanto amor e difere daquilo que comumente chamamos de conhecimento. Assim podemos dizer que a mudança fundamental é a da ignorância para a sabedoria. Significa tornarmo-nos conscientes da verdadeira natureza da vida – do seu significado e propósito inerente.

1 Conhecidos textos místico-filosóficos da Índia, basilares na Vedanta. (N.E.)

Deveríamos então considerar o conhecimento comum como inútil? Depende do que for tal conhecimento. Existe o conhecimento de fato inútil, exceto para fins práticos. Você precisa saber determinadas coisas, como o caminho para casa. Fora isso, muito do conhecimento que acumulamos é realmente inútil. Mas pode haver também conhecimento útil. Na tradição indiana é dito que assim como o diamante é usado para cortar o diamante, o conhecimento pode ser usado para transcender o conhecimento e para obter *insight* e percepção intuitiva da verdadeira natureza da vida, de sua unidade. Assim, há uma ruptura da prisão do ego. É com esse conhecimento que a S.T. precisa se ocupar e proporcionar às pessoas.

Em uma loja teosófica, se um grupo desejar organizar cursos de Fisiologia, Botânica e assim por diante, que são úteis, deveriam eles ser estimulados? Devemos perguntar: úteis a partir de que ponto de vista? Não é o trabalho da S.T. oferecer conhecimento que seja útil para coisas práticas como montar um carro ou um rádio. O conhecimento com que nos preocupamos é outro, é aquele que pode apontar o caminho para uma verdade além dos próprios limites. A humanidade precisa agora transcender a mente analítica e fragmentada, sempre dissecando, comparando, avaliando, e atingir um outro tipo de percepção para a qual podemos usar a palavra intuição, embora ela, com demasiada freqüência, seja usada em um sentido errôneo. A palavra *buddhi* é melhor, pois significa despertar – da falsa realidade na qual a mente está presa.

A maioria dos fatos com os quais nos ocupamos, lutas, esperanças, aquilo que alguém disse ontem, aquilo que desejamos fazer amanhã, todos nos parecem importantes no momento. Porém, apenas uma pequena parte das nossas preocupações tem importância e, mesmo assim, somente de ordem relativa. Será que existe um despertar disso tudo para ver o que a vida realmente é, o seu sentido, seu significado profundo e sua beleza? Será que existe um modo de pensar, de olhar para os fatos, que possa ajudar todos os seres humanos, e não apenas a nós próprios, a romperem a prisão do ego para atingir uma compreensão da natureza da vida compartilhada, o nosso destino comum? Se pensarmos nesses termos, veremos o quanto é vital o primeiro objetivo da S.T.: fraternidade universal sem distinções. Se a mente puder compreender a fraternidade sem quaisquer distinções, estar isenta da dualidade – o "outro" e "eu mesmo", o meu bem-estar diante do bem-estar de outra pessoa – não será esta uma mudança dimensional, uma jornada religiosa? A transformação tem um significado de fato religioso.

Nós temos criado divisões através do nosso pensamento, e temos sido condicionados por ele. Se pudéssemos nos libertar desse condicionamento, estaríamos irradiando paz e harmonia. Assim, a fraternidade universal sem distinções não é uma expressão ociosa, um lugar-comum. Constitui o trabalho fundamental da Sociedade Teosófica. Quando a transformamos em algo comum, sentimos que precisamos ir em busca de outras atividades para realizar. Mas não há diferença entre tal fraternidade e a regeneração, porque esta requer uma mente totalmente nova, uma mente sem divisões, distinções, comparações e avaliações.

Que maravilhosa atividade pioneira reside em tentar criar "um núcleo da Fraternidade Universal"! Algumas pessoas perguntam: "por que apenas um núcleo?" É evidente que podemos apenas começar com um pequeno grupo que compreenda a importância da fraternidade universal e que a encare com suficiente seriedade para tentar transformar tal fraternidade sem distinções em uma realidade. Mas um núcleo é algo vivo – ele crescerá; outras pessoas passarão a integrar a fraternidade, pois verão a gloriosa mudança que ela constitui. De que outra maneira podemos começar? Que objetivo maravilhoso possuímos, e que inspiração obteríamos, se compreendêssemos a mudança fundamental aqui envolvida. Nós nos acostumamos com as palavras, é esse o problema. Não nos aprofundamos o suficiente na riqueza do significado da fraternidade, não nos esforçamos para compreender que, quando a fraternidade universal sem distinções tornar-se uma realidade, haverá uma mente na qual existe deleite, amor, força, sabedoria, tudo. Então essa não é uma tarefa comum.

Sri Sankaracharya[2] nos diz, em uma obra intitulada *Atmabodha*: "Haverá tolo maior do que aquele que busca loucamente o

2 Principal filósofo vedantino da Índia no século V a.C.. (N.E.)

próprio benefício?" Seja em reduzida proporção, em um pequeno círculo, ou de forma agressiva em um ambiente amplo, quem será mais tolo do que aquele que busca o próprio benefício? É a total ignorância que faz a pessoa viver e trabalhar para si mesma. Ao contrário, conforme disse Buda: "da mesma maneira como uma mãe protegeria o seu filho único com sua própria vida, assim devemos cultivar um coração ilimitado na direção de todos os seres."

Então, não consideremos uma verdade como a da fraternidade como algo já sabido. O que sabemos sobre egoísmo e altruísmo é muito superficial. Precisamos examinar esses assuntos muitas e muitas vezes em grande profundidade para compreendermos todas as suas implicações. Se fizermos isso, poderemos ser fortes no desempenho do trabalho da S.T., que é o de produzir uma mudança na sociedade humana.

3

Regeneração e os Objetivos da Sociedade Teosófica

Muito embora a Sociedade Teosófica tenha três objetivos, efetivamente ela possui apenas um único propósito: elevar a humanidade do ponto de vista moral e espiritual. Isso não é idêntico ao que a maioria das pessoas chama de progresso. Porém a regeneração moral e espiritual será a força mais atuante até mesmo para produzir progresso material. Em toda a parte vemos esforços que são retardados em virtude do egoísmo, das tensões e da indiferença. Portanto, o progresso terá de girar em torno de uma nova perspectiva, de novas atitudes.

Os objetivos da Sociedade não podem deixar de estar relacionados entre si, pois todos estão vinculados à questão do progresso humano e da perfeição, da regeneração. Se os encararmos separadamente, cada qual tendo o seu próprio propósito independente, poderão não auxiliar no cumprimento da meta da S.T.. Será provavelmente necessário que os membros da S.T. em todo o mundo se questionem a respeito do que esses objetivos significam em termos de regeneração, a elevação da mente humana – ou como se queira denominar o processo.

Fraternidade universal, a consecução de uma mente na qual não há qualquer preconceito, nenhuma barreira contra o que quer que seja, é regeneração, porque tal consciência é em tudo diferente da consciência comum. Conforme já mencionado, ela tem uma qualidade religiosa. A compreensão da indivisibilidade da existência é a meta da verdadeira religião. Em um artigo denominado, "É a Teosofia uma Religião?",[1] H.P.B. nos diz que a religião *per se* é aquilo que une os homens e os seres em um todo; não é algo que divide. Assim, a experiência da unidade é uma experiência religiosa, uma nova forma de percepção, uma nova qualidade da mente.

Isso é uma maravilha porque estamos em meio a uma incrível diversidade, e o processo evolutivo implica desigualdade. Nada do que está manifesto assemelha-se a nada – tudo é único. Esse é um fato absoluto na Natureza. Quando pensamos que dois objetos são iguais, é porque externam alguma semelhança recíproca e não porque são idênticos. Na notável obra publicada há algum tempo, *Human Destiny*, o autor e cientista aponta como objetivos da evolução a harmonia, a liberdade e a individualidade. Argumenta que, à medida que avança a evolução, ocorre uma revelação cada vez maior da singularidade. Quando pensamos em perfeição, podemos cometer o erro de imaginar que todos os seres perfeitos devem ser iguais. Mas isso não acontece. São todos perfeitos, porém cada um em forma singular e própria. Essa singularidade existe em todos os níveis; nem uma única folha de uma árvore é réplica exata de outra.

Em segundo lugar, conforme já mencionamos, a desigualdade é inerente à evolução. Em algumas criaturas a consciência está mais desperta e, em outras, menos. A consciência é multifacetada e apresenta-se como atividade mental, inteligência, solidariedade. Em alguns seres há mais; outros são aparentemente mais obtusos. Algumas pessoas são hábeis, desenvolveram habilidades e capacidades; outras, não. A consciência de animais e de plantas é menos desenvolvida. Assim pensamos que eles têm menos importância do que os seres humanos e que temos o direito de suprimir os inferiores.

Desta forma existem esses dois aspectos na Natureza: desigualdade e diversidade. Cada ser está no próprio nível na escada evolucionária e tudo é diferente de tudo mais. Mas o ser uno, a essência una, é subjacente a tudo. É um paradoxo: uma essên-

1 Artigo publicado na revista *Lucifer* nº 15, novembro de 1888, em Londres, republicado em *Collected Writings*, vol. X. (N.E.)

cia, uma vida, uma consciência em meio a uma incrível diversidade que revela uma suprema energia criadora. Embora não haja igualdade do ponto de vista externo, encontra-se oculto um valor supremo que é idêntico em tudo, porque tudo é uma unidade do mesmo ser universal, uma gota no mesmo oceano de consciência. Talvez seja uma gota no fundo do oceano, ou uma gota que se move na superfície, porém todas fazem parte do oceano de vida. Este é o significado da sílaba sagrada *Om* que simboliza diferentes planos, diferentes estágios de diversidade, integrados em um todo ou unidade. Existe uma essencial igualdade em todas as existências individuais manifestadas, pois todas fazem parte de uma única vida sagrada.

A compreensão da fraternidade é a conscientização de algo maravilhoso e paradoxal quando visto a partir do ponto de vista inferior, mas, não obstante, real. Há uma qualidade mística na compreensão da fraternidade; esta não é uma experiência comum. Quando algumas pessoas dizem que o objetivo de fraternidade universal da Sociedade Teosófica é obsoleto, elas não sabem o que estão dizendo. Elas olham para o fato de uma forma muito comum, não compreendendo a profundidade e a verdade que estão realmente contidas neste objetivo. Pensam que existem muitas organizações que representam as relações internacionais. As Nações Unidas destinam-se a reunir todas as nações. Existem outros movimentos humanistas. A idéia espalhou-se por toda a parte e, sendo assim, esse objetivo pode ser abandonado.

Mas a partir do ponto de vista mais profundo, a fraternidade universal está longe de ser concretizada e não a vemos em ação em parte alguma. A menos que vejamos que esse objetivo implica uma profunda revolução psicológica, não estaremos aptos a desempenhar o trabalho da Sociedade com a energia necessária. Quando a consciência humana libertar-se de seus preconceitos e barreiras, cessando de separar-se de tudo o mais, materializar-se-á um novo mundo de beleza, liberdade e bondade nos níveis físicos e mais sutis. Krishnaji[2] declara "Onde está o eu, a beleza não existe", a beleza que é bondade, paz e bem-aventurança. Assim, quando refletimos bem, não deveria ser di-

2 Jiddu Krishnamurti. (N.E.)

fícil compreender que a fraternidade universal sem distinções de qualquer espécie representa uma revolução na consciência. É o único aspecto que mudará a humanidade, conduzindo-a a um novo nível de existência.

Aliás, as distinções mencionadas no primeiro objetivo da Sociedade não tencionam ser completas. Elas constituem exemplos das inúmeras distinções que surgem e existem na mente. Há outras divisões com base em posição social e econômica, idade, feitos intelectuais, enfim, toda espécie de fatores! Essa não pretende ser uma lista exaustiva, mas meramente "ilustrativa". Não faria sentido acrescentarem-se mais palavras. As nossas mentes podem inventar qualquer quantidade de divisões e mesmo se acrescentássemos mais palavras, elas seriam insuficientes.

Passemos agora para o segundo objetivo, o estudo de religião, filosofia e ciência que H.P.B. procurou correlacionar em sua obra *A Doutrina Secreta*, a qual denominou uma "síntese de ciência, religião e filosofia". Todos esses três campos de conhecimento representam caminhos para a verdade, válidos enquanto conducentes a um único ponto. A verdade é de importância primária para as nossas vidas, pois aquilo que vemos condiciona aquilo que fazemos. Quando fazemos algo de modo errado, desarmônico, cruel, é porque não estamos conseguindo "ver" corretamente. Se virmos a verdade na acepção básica do termo – que é o mesmo que compreender a unidade e conhecer a natureza do amor – então todas as nossas ações e relações estarão destinadas a mudar qualitativamente.

Esse fato tem sido enfatizado no Oriente, onde não existia diferença entre religião e filosofia. Nas escolas filosófico-religiosas os professores destacavam que ver adequadamente é essencial em virtude do efeito que isso traz sobre as ações. Podemos recordar a bem-conhecida ilustração da Vedanta: se você vir uma cobra, terá medo, tornar-se-á agressivo, podendo empurrar outras pessoas a fim de afastar-se rapidamente. Mas se você compreender que a cobra nada mais é do que uma corda, a ação passa a ser diferente. As emoções e os pensamentos que surgiram ao ver a cobra não podem surgir quando se compreende que ela é apenas uma corda.

Conforme anteriormente mencionado, vivemos em um mundo de irrealidade que parece real. Precisamos despertar para um outro nível de realidade. E até mesmo então não será realidade a partir de um ponto de vista mais profundo, devendo haver despertares progressivos. Mas para o momento, o que quer que percebamos é experimentado como sendo real: a solidez dos objetos, a separatividade de tudo. Mas isto é como a realidade experienciada em um sonho. Em virtude da irrealidade de nossa "realidade", agimos assim como estamos acostumados. Quando a posse de objetos, de dinheiro e assim por diante constitui uma realidade, parecendo importante para nossa segurança e felicidade, agimos de uma forma específica. Mas se vemos a irrealidade ou o valor relativo de tais fatos, então as ações passam a ser diferentes.

A busca pela verdade é uma busca por uma realidade que não pode ser negada em ocasião alguma. A realidade do sonho é negada pela realidade do despertar. A realidade da ambição pela posse de objetos materiais cede lugar a uma realidade diferente, se a pessoa tornar-se mais amadurecida, menos materialista. Assim, toda a realidade abre caminho para uma realidade superior. Precisamos continuar a negar as realidades menores na vida através do uso de *viveka*[3]. Mas existirá uma realidade que não possa ser negada por fato algum, uma vez que ela é sempiterna? Trata-se da verdade eterna, o objetivo da religião, da filosofia e da ciência. Embora seus métodos e abordagens sejam diferentes, todas procuram alcançar a verdade.

Os cientistas começaram com o estudo da natureza da matéria, mas foram avançando cada vez mais, até que alguns dos mais exponenciais estudiosos chegaram à realidade imaterial. O Sr. Alister Hardy tem questionado a força subjacente à evolução, que não é mais considerada ciência de ponta, como um desenvolvimento mecânico e aleatório. Hoyle nos diz que estatisticamente é impossível que o microrganismo passe a ser um

3 Palavra sânscrita traduzida como discernimento, claro entendimento. (N.E.)

homem através de uma série de melhorias aleatórias. Então qual é a força por detrás disso? Ele nos diz que é a inteligência; Hardy nos diz que é o amor. Dirac, por sua vez, afirma que há ordem e beleza na própria natureza do Universo. Desta forma, os cientistas estão passando do estudo da manifestação material para uma realidade além e maior.

O Universo material, que parece tão real, muda; pode até mesmo vir a ser destruído. Um dia a Terra pode tornar-se como a Lua. Porém, o poder que a move sempre existe, e a criatividade continua. A religião é a busca por essa existência eterna. Ela representa a libertação da existência finita e a fusão com o infinito. Estamos mencionando a religião no verdadeiro sentido do termo e não a religião organizada. Não podemos discutir religião aqui, pois constitui um tema demasiado amplo, mas, em sua base, está a percepção de que o finito não pode compreender o infinito. Portanto, o finito – que eu chamo "minha mente" e "eu mesmo" – terá de romper seu invólucro para poder conhecer a verdade que, no caminho religioso, é entendida como sagrada. A filosofia procura compreender a natureza e a relação de todas as coisas, brevemente resumidas como Deus, homem e Universo. A filosofia, como também a religião e a ciência, é um caminho para a verdade. Elas começam em pontos diferentes, possuem abordagens diferentes, mas o que procuram alcançar é idêntico. Então, não podem deixar de ser relacionadas entre si.

O importante a compreender é que a verdade nos liberta da insensatez das ações baseadas em falsas concepções da realidade. A verdade de ver uma corda como uma corda evita que a pessoa se afaste correndo, temerosa ou tentando matar. Nada pode ser mais certo do que a declaração: "a verdade te libertará". Na obra *Aos Pés do Mestre* é feita uma colocação diferente, no sentido de que qualquer pessoa que tenha um vislumbre qualquer do Plano – o esplendor subjacente aos processos da vida – não pode deixar de nele engajar-se, defendendo o bem e resistindo ao mal, trabalhando em prol da evolução e não do egoísmo.

O segundo objetivo da S.T. não se preocupa apenas com o pensamento especulativo ou com discussões acadêmicas que não estão relacionadas com os problemas do mundo e nossos enquanto seres individuais. Aponta no sentido da remoção da ignorância, da elevação da mente para além das irrealidades em que vive. Também este objetivo está destinado a produzir a regeneração.

O terceiro objetivo é a investigação das leis ocultas da Natureza e dos poderes latentes no ser humano. Todas as leis naturais representam uma expressão da inteligência divina. Aqueles que não as compreendem, que não entendem que são imutáveis e invioláveis, passam a enfrentar uma parede impenetrável, por assim dizer, e ferem-se a si próprios. O conhecimento das leis, por outro lado, constitui o poder para acelerar o progresso. Se não compreendemos como avança o grande fluxo da evolução, qual é o seu notável plano, somos conduzidos à insensatez e à vaidade. Todo o mundo está impregnado pela vaidade, porque o homem pensa poder operar fora da lei, uma vez que não tenta compreendê-la. A lei da harmonia é talvez a mais importante, pois todas as demais leis podem ser uma expressão da magnífica harmonia do Universo.

Esse objetivo implica estudo não apenas da Natureza em sua manifestação exterior, mas da correlação de tudo, porque toda lei é uma expressão de inter-relações. Essas inter-relações são sutis e muitos pensam que nem mesmo existem. Porém a compreensão de nós próprios está vinculada à compreensão das leis e das forças que operam por trás delas. Existem muitas dessas forças e muitas formas de inteligência operantes em toda a parte. É dito que existe uma hierarquia de inteligências, trabalhando pelo grande Plano. Qual é o nosso lugar em tudo isso? Podemos reivindicar um lugar que não esteja integrado no Plano ou almejar um lugar para nós próprios de acordo com nosso entendimento apenas? Será que teremos de abandonar nossas idéias e descobrir como viver de acordo com o Plano? Descobrir as respostas é o mesmo que tentar compreender o que são nossos poderes potenciais, quais as faculdades espirituais latentes na consciência humana e como elas podem ser desenvolvidas.

Mencionamos antes que, a menos que vejamos o que o ser humano é em potencial, não poderemos criar um ambiente o qual auxilie o progresso verdadeiro. Estamos fazendo o oposto, criando um ambiente caótico que suprime o potencial humano em vez de despertá-lo. Assim, o estudo do ser humano como ele realmente é, de suas possibilidades mais elevadas, das profundidades ou latitudes que ele pode atingir, é importante para a humanidade.

Parece-me que para tornar eficaz o trabalho da Sociedade precisamos ver a conexão entre os três objetivos da S.T. e a relação dos mesmos com o desenvolvimento da consciência humana e com a elevação da humanidade. A história da Sociedade é clara neste ponto: o único propósito de sua fundação é o de auxiliar no verdadeiro progresso da humanidade. Como pode ter objetivos que não estejam relacionados com esse fim? Talvez em nossas lojas[4] e grupos não tenhamos considerado suficientemente o significado dos três objetivos da Sociedade. Presumimos que não estejam interligados. Mas, se virmos a inter-relação, então todos nós poderemos trabalhar em conjunto pela mesma idéia, que é a de renovação da mente humana.

4 Loja é a denominação utilizada pela Sociedade Teosófica no Brasil e em outros países para grupos regulares de membros administrativamente organizados. (N.E.)

4

Nossa Abordagem à Teosofia

Estivemos considerando dois pontos importantes: a fraternidade universal sem distinções, que é um estado de consciência com implicações muito profundas, e, em segundo lugar, a crucial importância de perceber a verdade, uma vez que a percepção da verdade torna diferente toda a nossa vida e toda a relação. Se nos conscientizássemos não apenas da forma e da aparência dos objetos, mas de sua real natureza interior, então surgiria o amor; zelaríamos por tudo e de tudo nos encarregaríamos. Se você vê o significado e a beleza de uma flor, você a trata com carinho. Quando não vê, ou quando vê apenas um objeto que varia de acordo com desejos e condicionamentos momentâneos, então pode-se ser destrutivo, criando o caos. Assim, a busca da verdade não é remota e abstrata. Constitui, na realidade, o mais prático dos esforços.

Os dois aspectos estão naturalmente interligados: fraternidade sem distinções, universal em sua natureza, e percepção da natureza interior, a beleza e a significação da vida. A fraternidade é um reflexo, na ação, da percepção correta. Tudo isso é importante para nosso estudo da teosofia. Não devemos dizer que sabemos tudo sobre isso, sobre a fraternidade, porque não sabemos. Sabemos de determinada maneira apenas. Temos um conceito mental sobre fraternidade que pode ser inadequado e incompleto, até mesmo como conceito. Porém, mesmo se for um conceito belo, este não é o mesmo que um estado de consciência no qual a fraternidade universal constitua uma realidade. Existe enorme diferença entre ambos. Há assuntos que precisamos examinar, considerar – fatos sobre os quais necessitamos meditar profundamente em nossos corações, repetidas vezes. Se assim procedermos, então nossa abordagem à teosofia será proveitosa, pois teosofia é sabedoria divina. Nosso trabalho consiste em alcançar tal sabedoria.

A vida teosófica baseia-se em sabedoria, não apenas no conhecimento conceitual. Se desejamos obter evidência da esterilidade do conhecimento no sentido ordinário do termo, basta olharmos para o nosso mundo do século XX, onde o conhecimento está aumentando dia-a-dia, minuto a minuto. Contudo, é um mundo de extraordinária crueldade e ignorância do ponto de vista espiritual. Talvez nenhum século tenha visto tanta crueldade quanto o século XX. Pensemos nas numerosas populações que foram deslocadas à força de seus lares. Somente isso já demonstra a crueldade de nossa época. Mas há muitas outras atrocidades as quais nem precisamos abordar.

O conhecimento não ajudou os seres humanos a serem mais felizes, pacíficos ou amorosos. Portanto, não faz sentido procurarmos outra forma de conhecimento, o qual denominamos teosófico. A teosofia não deve ser transformada em uma teoria, um conjunto de conceitos. Deve ser a verdade que transforma, que nos torna amorosos, ternos, amáveis em nossas relações, como o somos quando olhamos para a beleza oculta da flor. Uma flor não constitui boa ilustração porque é muito fácil sentir sua beleza, ao menos no nível superficial. É muito mais difícil ver a beleza que está em toda a parte – nos portadores de deficiências físicas, nos pobres, em todo tipo de pessoas e em todas as coisas que tratamos com frieza ou indiferença. Nossa preocupação é com a verdade que transforma, que liberta a mente do seu egocentrismo, e não com o conhecimento estéril.

Então como atingirmos a verdade que é a teosofia? Antes de mais nada, deveríamos compreender que os nossos pensamentos e opiniões não são a verdade. De que nos valerá se, ao estudarmos um livro, só adquirirmos opiniões e conclusões? Existem dois tipos de literatura. Uma oferece conhecimento que pouco ou nada tem a ver com o caminho para a sabedoria, tal como o conhecimento sobre funções de uma aeronave ou a aparência das montanhas no plano astral. De que forma isso tornará a pessoa mais sábia? Não a tornará. As pessoas que têm esse tipo de conhecimento, ou que alegam tê-lo, são como qualquer outra pessoa. Há uma passagem dos *Upanishads* sobre alguém que vai até um sábio e diz: "eu estudei tudo, não apenas a ciência, as artes e a gramática, mas também as escrituras, a religião e a filosofia, contudo, falta-me sabedoria." A teosofia também poderá ser acrescentada àquela lista, se assim desejarmos! Nós podemos estudar todos os livros teosóficos, saber onde está mencionada determinada expressão de H.P.B. ou uma passagem na qual Annie Besant[1] disse algo mais; podemos nos perder em argumentos vãos e disputas e, depois de tudo isso, o que nos acontece? Nada! Estamos exatamente onde nos encontrávamos. Esse tipo de abordagem realmente não fornece auxílio.

A literatura teosófica, desde que abordada corretamente, pode ainda auxiliar o aspirante em sua busca por sabedoria e em sua vida. Isto não implica que se deva considerar aquilo que é dito como material a ser aprendido de cor e repetido. Uma expressão como "a mente é a assassina do real" é familiar a todos nós. Sabemos intelectualmente que se trata de uma declaração importante, e podemos discutir a seu respeito. Mas não será verdade para nós a menos que, de fato, comecemos a ver a limitação da mente, a sua inclinação ao engano, a sua insensibilidade. Precisamos compreender a mente como ela opera em nós e passar das aparências à percepção da natureza essencial de tudo; até então não teremos realmente descoberto a verdade daquela expressão. É fútil nos satisfazermos com meras alegações, ensaios sofisticados ou discursos. Nossa abordagem terá de ser um caminho que nos faça compreender a verdade.

Para fazer isso precisamos antes de mais nada ver que palavras e conceitos não são a verdade, por melhores que possam ser. Livros impressos não são a verdade. Se eles forem o tipo adequado de palavras ou livros, poderão constituir um dos meios para nos auxiliar a atingir a verdade. Uma das funções que o tipo adequado de livro pode realizar é a de nos ajudar a li-

1 Teósofa e grande oradora inglesa que atuou na Índia e Europa e foi presidente da Sociedade Teosófica no início deste século. Autora de vários livros, como *A Vida Espiritual* e *A Doutrina do Coração* (Ed. Teosófica). (N.E.)

bertar a mente da preocupação com temas sem importância e de caráter pessoal. É importante aprender a elevar a mente do nível pessoal para o nível humano mais amplo.

Conforme dissemos, os livros que estudamos podem nos ajudar se os usarmos corretamente e se forem os livros certos para nos elevarmos acima do nível pessoal e trivial, conduzindo-nos a preocupações de natureza mais abrangente. Os livros também podem estimular a mente a examinar em profundidade aquilo que a princípio apenas olharíamos superficialmente. Quando dizemos que um livro ou uma palestra são inspiradores, o que queremos de fato dizer? Significa que algo nos tocou profundamente. Porém é freqüente que, após pequeno momento de inspiração, abandonemos o assunto. Quando estamos preocupados com a sabedoria, não deveríamos abandonar o tema, e sim deixar que permanecesse em nós; precisamos ponderar sobre ele repetidas vezes, procurando abordá-lo sob diferentes ângulos, considerando diferentes aspectos e buscando descobrir se há ali profundidade ainda maior do que a percebida anteriormente. Então, talvez, pouco a pouco, começaremos a conhecer o real conteúdo do que foi dito.

Todo um ensinamento pode estar contido em uma única palavra. Todo instrutor espiritual falou sobre o amor. Uma vida inteira de contemplação poderá ser necessária para se encontrar o significado da palavra amor. Por isso, nossa abordagem deverá ter caráter exploratório e sério, e não deverá nos levar a dizer: sim, eu sei tudo sobre isto". A questão deverá permanecer pendente, solicitando uma resposta. Devemos olhar a questão, tentar encontrar tal resposta. Porém nenhuma resposta deverá ser final, conclusiva, se o tema possuir importância espiritual. Sabemos o que o amor é somente quando ele se torna uma realidade dentro de nós, quando é universal, totalmente altruístico, sem escolha. Sabemos que a mente é a assassina do real apenas quando a mente não erigir mais quaisquer barreiras, permitindo o contato direto entre o nosso ser interior e o ser interior de tudo o mais. Somente então haverá conhecimento real, sem o pensamento que declara "eu sei". Assim, devemos abordar o conhecimento teosófico como aprendizes, com um sério espírito de investigação.

As pessoas costumam acreditar que o respeito por um instrutor espiritual significa aceitar, sem ressalvas, sua autoridade, ou elevá-lo em um pedestal. Sempre que houver um debate, se a autoridade for mencionada, sua palavra deverá ser definitiva. Essa abordagem pode ser errada. O maior respeito que podemos oferecer a palavras de sabedoria está em levá-las ao nosso coração, meditar sobre elas, investigá-las e vivenciá-las, procurando traduzi-las em ação e testar sua validade até que a conheçamos por nós próprios. O Buda disse: "não aceite qualquer fato por constar das escrituras ou da tradição, por outras pessoas nele acreditarem, ou mesmo por eu proferi-lo; descubra por você mesmo. Seja uma luz para si mesmo." Podemos até mesmo usar tais palavras como expressão de autoridade ao invés de aplicá-las. Mas esse não deverá ser o espírito dos estudos teosóficos. A verdadeira compreensão ou conhecimento tem a ver com a regeneração, pois quanto mais percebermos e compreendermos a grande profundidade de qualquer enunciado o qual reflita a verdade, tanto mais nossas vidas serão transformadas. Quando não houver qualquer impacto sobre a qualidade das nossas ações e relações, a verdade não terá sido sequer tocada.

A S.T. não se destina a constituir um grupo de crentes em uma nova teologia, uma nova filosofia chamada teosofia. Se assim for, ela causará grandes danos. H.P.B. diz, na obra *A Chave para a Teosofia*, em resposta a uma pergunta sobre o futuro da S.T., que se ela se tornar uma outra seita, morrerá. Poderá continuar como uma concha, porém não conterá um corpo vivo útil. Ela declarou que o futuro da Sociedade depende da determinação, da devoção e do altruísmo de seus membros e também do fato de ser a teosofia uma sabedoria viva. A S.T. não pede às pessoas que creiam em algo, seja em *karma*, reencarnação ou o que for. *Karma* e reencarnação podem ser fatos no esquema da existência. Todavia temos que estudar, procurar compreender, ver de que maneira são lógicos e oferecem explanações razoáveis, até que surja o tempo quando saberemos diretamente que são reais, o que não acontece no momento.

É importante saber o que é verdade para nós e o que não é. Existem muitas possibilidades de enganarmos a nós mesmos. O neurótico pensa que o que ele vê é realidade, e o sonhador também tem sua própria realidade. As nossas visões poderiam ser expressões de ambições e desejos ocultos, tornando-se nossa realidade. Cristãos devotos têm visões da Virgem Maria, enquanto os budistas vêem Kwan Yin em uma forma específica, e os hindus devotos vêem apenas Krishna com uma flauta na mão. Por que o hindu não vê Kwan Yin, o chinês, a Virgem Maria e assim por diante? Simplesmente porque a visão corresponde àquilo que já está na mente. A fé e a profunda devoção podem evocar determinadas forças – não precisamos analisar este ponto. A devoção pura é uma força e deverá evocar algo. Porém a forma de que ela se reveste estará de acordo com o condicionamento da pessoa. Isso também explicaria como alguém pode ser genuinamente clarividente e mesmo assim cometer erros. Desta forma, não se deve tomar o próprio conhecimento ou percepções como garantidos. Há necessidade de vigilância e questionamento contínuos.

Uma resolução oficial do Conselho Geral da S.T. declara que não há autoridade investida na Sociedade, nem mesmo H.P.B., ou qualquer pessoa que pretenda que suas declarações ou escritos sejam aceitos como definitivos por membros da S.T.. Em nome da cooperação, da amizade ou da unidade, não devemos estabelecer uma autoridade, pois isso é contra o caráter da S.T.. Podemos reverenciar H.P.B. e ser gratos a ela, porém nem H.P.B., nem o Buda, nem Jesus, podem ser transformados em uma autoridade na S.T.. Não há dogmas a serem aceitos sem questionamento, sem o emprego da própria inteligência. Tampouco há escrituras a seguir. Eu pessoalmente sequer aceito que existam "livros clássicos", porque quando rotulamos algumas obras como "clássicas", outras são colocadas em uma categoria diferente. Existem livros com um conteúdo rico, especialmente valorizados pelos *insights* que proporcionam ou pelo estímulo que fornecem. Todavia, devemos conceber que, se algumas pessoas são inspiradas por determinados fatos em determinada ocasião, outras são, durante o mesmo período, inspiradas por outros. Não pode haver uma única fonte de inspiração para todas as pessoas em todas as ocasiões. A S.T. não diz a pessoa alguma: "estes são os livros que você terá de estudar".

Quando tivermos compreendido conceitos teosóficos, saberemos que a evolução não é meramente biológica. Através da crescente complexidade e perfeição do organismo físico, do cérebro etc., é criado um instrumento para o desabrochar da consciência em toda a sua glória. Todas as possibilidades ali contidas, as faculdades nela integradas, abrem-se. À medida que a consciência desabrocha, realiza-se o que Krishnaji denominou o despertar da inteligência. Assim, o progresso da evolução não é essencialmente biológico; tem a ver com o ser interior, cuja natureza é inteligência, amor e bem-aventurança. Não é útil para o desenvolvimento da inteligência conformar-se, dizendo "eu acredito nisso porque alguém assim disse". Isso seria uma abdicação da inteligência. Seria equivalente a declarar: não quero pensar, a outra pessoa já pensou em tudo, ela é mais sábia do que eu; assim aceitarei suas idéias e serei preguiçoso! Não é isso que a S.T. procura. A inteligência requer que a pessoa possa empregar faculdades como observação, intelecto e intuição. Se uma pessoa não usar os músculos do seu corpo físico, eles se atrofiarão. Da mesma maneira, se ela não tentar usar o seu discernimento e descobrir a verdade, penetrará em uma forma de embotamento que é indesejável do ponto de vista do progresso espiritual.

O verdadeiro instrutor é aquele que busca evocar, assim como o Buda fez, a inteligência espiritual do estudante. Ele diz: "você deveria descobrir as coisas por você mesmo. Eu darei sugestões, apontarei a direção. Porém você terá de trilhar o caminho." Esses instrutores, sejam ou não membros da S.T., pertencem à "comunidade" teosófica. A partir de um ponto de vista teosófico, apenas os pseudo-gurus dizem: "você não terá de modificar-se, tudo o que você precisa fazer é crer em mim", ou, até mesmo pior, "eu tocarei sua fronte, e você será transportado a uma esfera transcendental".

Se não compreendermos isso, poderemos ter programas equivocados em nossas lojas. Poderemos não saber que tipo de oradores deverão ser convidados e que tipo de livros deverão ser levados à atenção das pessoas. Nós não dizemos às pessoas que devem lê-los ou aceitá-los. Mas existe algo assim como estimular ou desestimular determinados tipos de literatura. E isso deve ser a base de auxílio às pessoas para que compreendam por elas próprias, desenvolvendo seus potenciais de discernimento espiritual e inteligência. O desenvolvimento da sabedoria é o que deveríamos estimular e não a crença cega.

Conforme dissemos antes, existem dois tipos de literatura: aquela que é irrelevante para a busca da sabedoria e a literatura que podemos chamar de teosófica (não necessariamente publicada pelas Editoras Teosóficas), que contém conhecimento útil para encontrar sabedoria, desde que os meios não sejam considerados como um fim. Esse tipo de conhecimento deverá ser usado como um mapa para aprender sobre o país. O mapa não é o país, naturalmente. H.P.B. diz que *A Doutrina Secreta* pode *conduzir até a verdade*; porém ela não é a verdade, porque as palavras não são a verdade.

Deveríamos também discernir dentro do âmbito da própria literatura teosófica aquilo que é essencial e o que não é. Nas *Cartas dos Mahatmas* encontramos muitas passagens sobre eventos contemporâneos na S.T.. Se dominarmos esses detalhes, poderemos tornar-nos proficientes na história da S.T., porém não seremos necessariamente mais sábios. Sendo o tempo limitado, temos de aprender como extrair os pontos essenciais. Isso é verdadeiro não apenas com relação a todos os livros, como também a todos os capítulos ou passagens que estudamos. Existem princípios importantes, diretrizes e indicações sobre a verdadeira natureza da vida e instruções éticas relevantes. Devemos usá-las e ponderar sobre elas. No *Bhagavad Gita,* Sri Krishna, que representa o Espírito Divino Universal, tanto manifesto como não-manifesto, diz que não há fim para os detalhes na Natureza. Isso é verdade. Realmente não há fim! Aqueles que desejam aprender todos os detalhes jamais terão êxito, pois a energia criadora é tão grande que haverá sempre mais formas, mais mudanças. Assim, através do estudo, devemos procurar alcançar aquilo que é importante. Embora seja interessante estudar os fenômenos e processos da Natureza e ter conhecimento dos fatos, isso não será o mesmo que perceber a verdade subjacente, que é a sabedoria. O que importa é o significado dos fenômenos e os processos. Há o fenômeno do sofrimento, milenar e onipresente. Qual é a sua importância? Não podemos compreender o significado do sofrimento, familiarizando-nos com os detalhes das dores sentidas por pessoas em toda a parte do mundo. Muito embora possamos estar a par das inúmeras formas de sofrimento tanto humano quanto animal, é muito mais importante compreender em profundidade aquilo que o sofrimento é e se há um caminho para libertar-se do mesmo. Precisamos escavar os pontos fundamentais em nosso estudo da teosofia. Se o estudo não abrir nossas mentes aos pontos essenciais – e isso tem um efeito transformador – poderá ocorrer apenas uma pequena mudança, porém não uma mudança de natureza radical e duradoura.

Há muito a considerar sobre esse assunto, e vocês sem dúvida o farão. Pensemos agora a respeito de mais um ponto – aquele relativo aos estudos dos eventos da nossa vida quotidiana. Os assuntos estudados por nós não devem tornar-se abstrações sem qualquer importância para os problemas humanos em geral ou para os nossos problemas individuais. Se estudarmos o *karma* e a reencarnação, qual é a mensagem que trazem para as relações, pensamentos e a conduta diária? A prova da nossa compreensão está na vida do dia-a-dia. Será que estamos crescendo firmemente, sem ambição. Em caso afirmativo, de que modo o estamos fazendo? Podemos todos observar a nós mesmos e descobrir se algo está errado na natureza do nosso estudo ou da nossa abordagem. Se estiver certo, devemos estar crescendo em afeto, na compreensão até mesmo das pessoas chamadas "difíceis". Todas as pessoas com grandeza espiritual deram um exemplo de como a compreensão pode abranger o assim chamado pecador. Ninguém peca a menos que seja espiritualmente ignorante – e quanto mais ignorante a pessoa for, mais ela precisará da compreensão dos outros. Isso não significa que deveríamos fazer o que a pessoa deseja ou dizer que ela está certa, porque é possível desenvolver-se simultaneamente em discernimento e compreensão. Se não sabemos quais são as dificuldades interiores da outra pessoa, de que modo poderemos ajudá-la? Portanto não devemos fingir que as dificuldades não existem.

A prova do aprendizado teosófico reside, assim, no crescimento da compreensão, do afeto, da serenidade, da sensibilidade e da abertura, não apenas em relação a outros seres humanos, mas a toda vida – uma pequena folha de grama, uma ave em vôo, criaturas de toda a espécie. Existe bondade em toda a parte. A qualidade preciosa da vida existe onde vida houver. Será que estamos crescendo no sentido da compreensão da beleza e da verdade de tudo isso? Esse é o processo de amadurecimento. Olhemos honestamente para o que está acontecendo, se estamos realmente nos tornando mais teosóficos ou não, se a nossa maneira de estudar e de aprender teosofia está certa, sendo que a prova reside na conduta e no relacionamento diários.

5

Trabalho Individual e Grupal para a Regeneração

Várias pessoas formularam a seguinte pergunta: como colocar tudo isso em prática? Qual é o resultado efetivo em termos de lojas e de trabalhos de grupo?

Inicialmente é importante compreender pelo que estamos trabalhando. Não tem havido muita clareza sobre esse ponto. Não existe um caminho rápido ou fácil para a regeneração. Se pudéssemos dizer: siga tais e tais etapas e tudo será realizado, o mundo todo estaria regenerado de imediato; porém não sucede dessa forma.

Podemos mais ou menos ver que a mente terá de tornar-se nova e aprender a olhar para tudo do ponto de vista da unidade. Ela não deveria ter apenas um conceito intelectual da unidade, mas uma crescente percepção dessa unidade. É provável que todos nós compartilhemos o mesmo sentimento quanto a ser esta a natureza do trabalho que precisamos realizar, e que os objetivos da Sociedade estão com ela relacionados. Eles indicam diferentes aspectos do mesmo trabalho principal. Será que podemos transmitir essa percepção através de nossas lojas? Terá de ser uma percepção, não um conceito ou uma teoria, de que a humanidade necessita dessa nova percepção, um estado mental em que não há divisão. Se pudermos comunicar isso, teremos começado o trabalho pela regeneração. A regeneração ainda não se realizou em nós, porém o próprio ato de ver, que é disso que nós e a humanidade necessitamos, já constitui o começo e é importante.

Krishnaji disse "o primeiro passo é o último passo", e o que importa é a direção tomada com o primeiro passo. Se pensamos que o trabalho da Sociedade é menos profundo, não tão abrangente, cedemos a distrações no desempenho do nosso trabalho. Assim, esta percepção constitui a primeira parte do trabalho. Algumas pessoas podem pensar que vários dias ou uma semana são desnecessários para transmitir uma conscientização do trabalho a ser realizado, porém essa visão não está correta. Há necessidade de um tempo muito mais longo, pois dizer mentalmente que a "regeneração é necessária" difere muito de compreendê-la em seu próprio coração, sentindo profundamente que se trata de algo vital. Mas quando começamos a pensar com cuidado a respeito, explorando o assunto e buscando descobrir todo o conteúdo da regeneração, estamos colocando em movimento uma corrente no nível mental ou psicológico. Estamos então lançando boas sementes na mente humana.

Se os 35.000 membros da Sociedade Teosófica em todo o mundo sentissem de coração que a regeneração é a real necessidade da humanidade, imaginem o que isso produziria no nível psicológico invisível. A mudança seria muito real, porque a maioria dos empreendimentos começa no nível mental. "As idéias regem o mundo", disse um dos Adeptos. Se isso é mais do que uma idéia, uma força surgindo de profunda convicção e consciência, ela será até mesmo mais forte do que simples idéias. Constituirá a base de todas as atividades que iniciamos ou procuramos estimular.

Qual deveria ser a natureza das principais atividades de qualquer grupo teosófico? As pessoas que viajam por todo o mundo não podem deixar de observar como o trabalho realmente é desviado para uma tangente por não estar claro o seu propósito. As pessoas estão preocupadas com assuntos periféricos ou participando apenas de ocupações agradáveis como encontrar outras pessoas para um chá em ambiente amável – algo bom apenas nesse sentido. Mas isso será suficiente para cumprir os objetivos da Sociedade? Com demasiada freqüência reduzimos os objetivos da Sociedade para um nível mundano e superficial. Assim, com paciência e perseverança, todos nós devemos tentar compartilhar nossa percepção da necessidade de realizar os verdadeiros objetivos da S.T.. Este seria o primeiro passo.

Se estivermos conscientes de que a natureza da mudança está na direção de uma consciência não-dividida, então poderemos continuar avançando. Muitos de nós continuamos – apesar da longa filiação à Sociedade e da devoção que evidenciamos durante muitos anos – pensando inconscientemente em termos de "meu" grupo e "o outro" grupo. No nível puramente prático, o "meu" e o "seu" podem ter um significado. Podemos não querer usar os pentes e as escovas das outras pessoas ou emprestar-lhes as nossas. Mas existe a condição psicológica, tão profundamente arraigada, da qual embora estejamos às vezes conscientes, no restante do tempo agimos em termos de divisão. Talvez isso aconteça porque não exploramos de fato a natureza da mudança. Nós apenas falamos sobre fraternidade, e não raro nossa fraternidade fracassa de um modo colossal. Portanto, dentro da S.T., nas lojas e em outros grupos, existem conflitos, facções e disputas para conquistar posições.

Algumas outras sociedades eliminaram tais problemas por não possuírem um sistema de filiação de membros. Um pequeno grupo invisível de pessoas opera tudo: a eles pertencem as propriedades e eles organizam tudo. Outros apenas participam de reuniões, usam as dependências para estudo e agem à sua própria maneira. Isso é tão mais fácil. Mas essas pessoas não são postas à prova. Nós somos. O trabalho em nossa Sociedade não é apenas o de falar sobre a fraternidade universal, mas também o de demonstrar ao mundo que ela pode ser uma realidade. Isso é importante. Significa não ser superficial e examinar todas as implicações da fraternidade universal sem distinções. Precisamos descobrir qual é a natureza de uma mente sem qualquer barreira ou preconceito, sem qualquer sentido de "o outro". Não podemos tornar-nos iluminados imediatamente, mas devemos ser sérios a respeito de nossa caminhada em tal direção.

Será que podemos trazer maior clareza através daquilo que debatemos nos grupos, relacionando estudos teosóficos a essa questão? Talvez precisemos manter a regeneração no fundo de nossas mentes a fim de tornar o nosso estudo útil porque, segundo os *Upanishads*, essa é a verdade das verdades, a unidade da vida.

Estou apenas oferecendo sugestões. Esse é o mais difícil dentre os temas, e todos precisam meditar sobre ele. De que forma podemos transmitir a necessidade da regeneração como sendo a mais urgente da humanidade, de nós próprios como indivíduos – não como uma questão distante, abstrata e metafísica, restrita a poucas pessoas que adotam uma assim chamada vida religiosa, porém enquanto medida para toda a humanidade?

Em segundo lugar, devemos questionar sobre a natureza da mudança. Da mesma maneira como as árvores se despojam de suas folhas no inverno e se auto-renovam, a mente pode despojar-se de suas opiniões, preconceitos e barreiras e auto-renovar-se. Será que podemos compreender as implicações disso? Será que podemos tentar acentuadamente criar exemplos inspiradores de cooperação, de afeto, um encontro de corações em todos os pequenos grupos da Sociedade? Nada existe de mais convincente do que o exemplo. Há muitas pessoas que pensam ser impossível ser altruísta e amar a todos. Se essas pessoas entrassem em contato com alguém amoroso e espiritual, a maioria delas começaria a compreender que é possível, pois veriam o exemplo.

A S.T. pode demonstrar para o mundo que um profundo senso de fraternidade, uma compreensão de um parentesco espiritual recíproco, é uma realidade em um grupo de dez ou duzentas pessoas – não importa o seu tamanho. Toda a S.T. poderia também vir a ser um exemplo. Sempre que um grupo está em discórdia causa grande dano para o trabalho da Sociedade porque é perdida a sua credibilidade. O oposto pode também ocorrer. Quando o grupo põe em prática os objetivos e produz a mudança necessária, pode atrair as pessoas e inspirar-lhes confiança. Existem vários grupos e lojas em que os membros não se conhecem realmente uns aos outros, pois há competição para tornar-se presidente ou secretário. Isso também pode ser evitado ao formarem-se grupos de estudos onde não há dirigentes. Contudo uma fuga dessa espécie não parece ser a solução. Se, ao invés de termos lojas, tivéssemos apenas membros livres, isso seria até mesmo mais fácil. Um computador os acompanharia e imprimiria lembretes sobre as obrigações. Todos eles poderiam permanecer onde estivessem, sem estarem vinculados entre si e receberiam literatura. Eles poderiam estudar com afinco, porém isso não cumpre o nosso objetivo. A S.T. visa unir as pessoas –

pessoas que seriamente tentam compreender neste plano físico a suprema verdade da unidade, que é uma realidade eterna no nível espiritual.

Em terceiro lugar, uma vez que a regeneração é o propósito da Sociedade, a natureza do trabalho terá de estimular a conscientização do que estamos fazendo e pensando, dos nossos preconceitos, nossas antipatias e desejos ocultos. A mente terá de tornar-se mais sensível, perceptiva e inteligente, e perceber a natureza intrínseca da vida, seu significado e beleza. A regeneração envolve esta mudança qualitativa de consciência, então deveremos fazer um esforço sério para não transformarmos a teosofia em um assunto como qualquer outro ensinado em uma instituição. Se um aluno tiver boa memória, obterá boas notas em fisiologia ou matérias similares. Qualquer estudante que tenha memorizado o conteúdo de livros, pode dizer: "no capítulo tal e tal do livro tal e tal, você encontrará esta informação"; se ele prontamente fizer citações desta ou daquela fonte, poderá ser considerado um teosofista melhor. Em muitas de nossas lojas os programas consistem de palestras apresentadas por poucos bons oradores. Nem todos podem fazer palestras, é claro. Mas se o programa for exclusivamente de palestras proferidas por algumas poucas pessoas competentes, as outras não trabalharão. A palestra se dá geralmente no nível mental. Freqüentemente o orador está apenas compilando e expressando aquilo que outras pessoas já disseram, reunindo a informação de uma maneira mais ou menos interessante.

Como podemos transformar a teosofia em uma sabedoria viva? Como pode o conhecimento que é a teosofia constituir o meio para a sabedoria viva? Não poderá sê-la se as pessoas apenas vierem para "ouvir uma boa palestra", ou uma palestra "muito interessante" ou "inspiradora". Será que pode constituir uma experiência mais real para outras pessoas, oferecendo-lhes base para investigação, ponderação e conhecimento de si próprios?

O debate também não deveria ser uma mera expressão de opiniões. As opiniões não são a verdade. Será que podemos ter êxito no debate de questões vitais sem estarmos ansiosos para apresentar nossas opiniões, tentando seriamente aprender cada vez mais sobre o tema abordado, sua profundidade de significado e todas as suas implicações? O que o tema nos diz sobre como viver, como relacionar-se? Qual a sua aplicação na vida? Muitas questões precisam ser analisadas sempre que discutirmos algo valoroso. Precisamos estimular a análise, o espírito de busca da verdade, nunca dizendo "eu sei". Será que os grupos teosóficos podem atrair pessoas que realmente sentem que não há religião superior à verdade – nem mesmo a religião de suas próprias opiniões e conceitos?

Talvez a chamada "nova era" sobre a qual as pessoas falam não seja uma era de conceitos mentais que, como os do nosso tempo, destinam-se a conduzir ao erro e à divisão, porém uma era de percepção mais sensível. Jinarajadasa[1] falou sobre a nova humanidade da intuição. "Intuição" é uma palavra que tem muitos sentidos para muitas pessoas, e nós precisamos ter cuidado com significados. Mas o ponto importante é o seguinte: será que o debate pode resultar no exame dos significados subjacentes, e não apenas em conceitos óbvios? Deverá tornar os participantes mais sensíveis, fomentando-lhes a percepção intuitiva. Se o tema da unidade for debatido, muitos pontos emergirão. Mas existe algo mais importante do que novos pontos. Será que, no decurso do debate, os participantes podem começar a ter alguma espécie de vislumbre ou compreensão daquela unidade? Compreensão significa que isso se torna real. A unidade terá de tornar-se por fim real de uma forma profunda, porém, mesmo se se tornar apenas um pouco mais real cada vez em que houver um debate, ela terá valor.

No nosso trabalho é, portanto, importante não estimular a mera crença. O maior respeito que podemos ter por qualquer pessoa sábia é o de considerar de modo sério e cuidadoso o que ela diz, até que a verdade por ela expressa se torne verdade também para nós. Conforme dissemos, não deveríamos instituir autoridades infalíveis na S.T., tampouco deveríamos abandonar o bom-senso e o raciocínio. Nosso raciocínio poderá, agora, nos desviar do caminho, e podemos não ser capazes de vislumbrar a

1 Escritor e Presidente Mundial da S.T. no período de 1946 a 1953. (N.E.)

verdade. Porém, mesmo assim, é importante tentar usar as próprias faculdades, *viveka*, raciocínio e bom-senso.

Não deveríamos nem rejeitar nem aceitar tudo o que uma pessoa nos diz porque antipatizamos com ela, ou a transformamos em autoridade. Em determinada reunião do Conselho, um membro defendeu o ponto de vista de que os livros de C.W. Leadbeater[2] deveriam ser banidos da Sociedade Teosófica. A S.T. não é a Igreja Católica Romana para banir livros. A observação feita foi sobre a afirmação de C.W.L., segundo a qual, em alguns lugares, o magnetismo, ou a atmosfera, não é propício para trilhar o caminho da espiritualidade. Então ele nos aconselha a não irmos a tais lugares. Isto foi considerado como sendo muito "pouco fraterno"; C.W.L. não deveria ter permissão para fazer tais afirmações, declarou o membro. Se a idéia da fraternidade para alguém implica a associação com todo o tipo de pessoas e até mesmo a freqüência a lugares desagradáveis, esta pessoa está livre para fazê-lo. Porém o conselho de C.W.L. pode também ter valor e não há razão por que outras pessoas não devam ter a oportunidade de considerar esse ponto. A recusa em considerar todos os assuntos em seus méritos e o fato de basear o próprio repúdio ou aceitação sobre preconceito ou autoridade não constituem a maneira certa, se o que nos interessa é a regeneração. Por outro lado, deveria existir uma atitude de investigação aberta e séria, particularmente para com as questões importantes. Porém, se não temos a mente aberta em relação a questões secundárias, poderemos não estar de mente aberta no que tange às questões maiores.

Também é necessário observar se somos teóricos. Será que a forma com que falamos sobre as coisas, talvez até a forma como as olhamos, é abstrata, ou terá ela importância em relação àquilo que estamos realmente fazendo, como estamos vivendo? Um dos Adeptos declarou que se a religião é verdade, ela deve oferecer a resposta a todos os problemas. Teosofia é a Religião-Sabedoria. Nas palavras de H.P.B., a teosofia deverá ser uma for-

---

2 Escritor de muitas obras sobre variados temas ligados ao lado oculto das coisas e à espiritualidade (como *Vegetarianismo e Ocultismo*, publicado por esta Editora), e conhecido clarividente. (N.E.)

ça viva na vida das pessoas, sendo aplicada em todas as relações, sejam comerciais, sociais ou pessoais. Esse é o caso para o indivíduo; porém estudos grupais eficazes também deveriam trazer a compreensão dos diferentes campos da atividade humana, seja educação, reconstrução social ou qualquer outro campo de atividade. Talvez não estejamos dedicando suficiente atenção à importância do nosso estudo para as atividades humanas. Não é importante que, enquanto discutimos e estudamos, tenhamos em mente que tudo é um meio para uma relação diferente, sendo a Sociedade uma estrutura de relacionamento? Isso deverá produzir uma mudança em nossas vidas do ponto de vista profissional, social, doméstico e assim por diante. A teosofia deverá ter um significado prático. Os *Mahatmas* disseram que o seu ensinamento é ao mesmo tempo profundo e prático. Qual é este elemento prático? Como as verdades que buscamos compreender relacionam-se aos problemas da humanidade contemporânea, sejam individuais, nacionais ou globais?

Há outro ponto a ser analisado: a linguagem que empregamos. A Verdade está fora do tempo, porém a linguagem em que ela é apresentada deverá ser adequada à época. Precisamos tentar descobrir qual a linguagem que tem significado para a geração presente e que o terá para a geração vindoura. Quais são os problemas que essa geração e a imediatamente seguinte terão de enfrentar? Muitas pessoas não estão interessadas em melhorias na condição da humanidade. Estão preocupadas com os problemas que as afetam pessoalmente. Querem algum tipo de ajuda e de compreensão. Como os nossos debates e pesquisas nos possibilitam encontrar uma resposta para esses problemas? Podemos não encontrar respostas finais, porém é importante prestar atenção nesse ponto. Se apenas falamos sobre alguma abstração, então as pessoas vão mesmo se questionar sobre a utilidade de virem à S.T.. Buda, segundo a tradição, foi perguntado a respeito de questões metafísicas as quais se recusou a responder. Quando continuaram a questioná-lo, agora quanto ao seu silêncio, ele disse: suponha que uma flecha tenha ferido sua carne, o que você faria? Debateria sobre a madeira de que ela é feita ou sobre a velocidade com que ela voou? Ou você estaria interessado em como removê-la e curar o ferimento? Esta cura é a nossa preocupação.

Talvez tudo isso pareça pouco prático, mas penso que não é. Se soubermos o que estamos fazendo na loja, qual nossa preocupação enquanto grupo, o ponto importante a ser abordado ocasionalmente, até mesmo em encontros informais, no chá – isso trará grande mudança, porque nossa orientação será diferente. Uma visão do trabalho da S.T. é a partir do exterior: procurar aumentar o número de membros, realizar uma publicidade de alto nível. É interessante lembrar o que Sri Ram[3] disse: "Suponha que a publicidade traga um milhão de membros egocêntricos – isso trará mais prejuízo do que benefício. Um milhão de pessoas reunidas será muito pior do que se estivessem sozinhas. É melhor começar de dentro. Se houver clareza quanto ao trabalho, e se seguirmos os métodos corretos, então, os outros pontos passarão a ocupar o lugar devido. Encontraremos meios certos, na proporção adequada, de informarmos as pessoas sobre esse trabalho. Krishnamurti observou: "se o mel estiver ali, as abelhas virão". A questão é: será que temos o mel?

3 Filósofo indiano de profundo conhecimento e vivência, ex-Presidente da S.T. (1953-1973), com obras nesta Editora: *Em Busca da Sabedoria, O Homem: sua Origem e Evolução* e *Pensamentos para Aspirantes ao Caminho Espiritual.* (N.E.)

6

A Fonte de Energia Espiritual

É importante descobrir a verdadeira fonte de energia. Alguns de vocês podem ter lido nos artigos de N. Sri Ram o seguinte: "Há muitos membros que esperam que os 'líderes' da Sociedade mantenham seu entusiasmo. Falarão acerca do triste declínio da loja e dirão que antigamente, quando fulano de tal era o líder, havia tanta vitalidade e entusiasmo. Mas em uma observação desta natureza, a própria responsabilidade pessoal é negligenciada. É uma questão do que cada membro individual está fazendo aqui e agora para criar entusiasmo. Apenas contar com outra pessoa, por mais elevada que seja a sua posição, ou com os Mestres, para transformar as condições que se apresentam ou até mesmo dirigir-se a Deus em prece visando produzir a mudança, que aparentemente Ele quer que nós próprios produzamos, de fato constitui um caminho fútil."

Mesmo agora existem muitas lojas e um número bastante grande de membros que esperam que alguém venha inspirá-los. Não estou dizendo que não seja útil receber a visita de um orador ou membro convidado. Sempre é bom ter contatos recíprocos, porém não é bom esperar que outras pessoas proporcionem inspiração, ou sentir que a Seção não fez o suficiente, que a Sociedade Internacional não está enviando instruções e assim por diante.

Existe uma fonte de energia e de inspiração que é mais constante, prontamente disponível, e que nunca desvanece. Aquela fonte de energia que nunca diminui com a passagem do tempo ou com o envelhecimento do corpo, mas que, ao contrário, flui de modo mais livre e abundante quando aprendemos a permitir que o faça, encontra-se dentro de nós. Cada um terá de descobrir aquela fonte, aquela perene primavera. Do contrário, tornamo-nos dependentes de outras pessoas para que nos estimulem ou nos conduzam, ou para que organizem seminários ocasionais. Depois de um certo período, todas as atividades tornam-se estagnadas. Existem pessoas que têm o costume de participar de encontros ou de palestras, ou das palestras de uma pessoa específica, acompanhando-a pelo mundo afora, ouvindo-a sempre. Ao final, estas pessoas não estarão muito melhores do que antes, ou, ao menos, não haverá uma diferença visível.

Onde poderemos descobrir uma fonte infalível de inspiração e vitalidade a não ser em nós mesmos, uma vez que estamos sempre conosco? Não podemos afastar-nos de nós mesmos. Esta fonte está aqui – precisamos apenas aprender a extrair-lhe a luz, a energia e a inspiração ocultas.

Foi formulada a seguinte questão a um versado estudioso de Budismo: "Quem é Buda?" E sua resposta foi: "A consciência desperta". O Buda não é necessariamente uma figura histórica ou alguém em um mundo de consciência cósmica muito distante. Ele pode estar lá, mas também está aqui, "mais próximo do que as mãos e os pés". O significado literal da palavra *Buddha* é "o desperto", e aquele princípio que deve despertar é a fonte de inspiração e energia. É o Cristo interno.

Cristo tem sido chamado de "o único conselheiro sábio". Essa é uma verdade absoluta porque no interior está a consciência, desperta de forma potencial ou efetiva, e essa é a única conselheira sábia. Examinemos este ponto mais cuidadosamente. Podemos dizer que há inspiração alhures. Eu me sinto inspirado quando caminho pela floresta, quando estou com a Natureza. Isso é verdade, porém você apenas se sente inspirado quando a sua consciência está receptiva à floresta, à presença das árvores, não apenas à sua substância. Em uma outra ocasião você pode estar ansioso, temeroso, com muitas preocupações, e a floresta não oferecerá inspiração alguma. Existem pessoas que não encontram qualquer utilidade nas árvores, exceto em cortá-las. Da mesma maneira, quando um instrutor fala ou um orador apresenta uma palestra, recebemos inspiração – mas apenas quando estamos abertos para aquilo que o orador transmite, para aquilo que o instrutor ensina. Em outras palavras, quando a consciência está receptiva.

Qual é a diferença entre um estado de receptividade e de não-receptividade? A receptividade implica que a consciência, ou determinada parte dela, abriu-se de alguma forma. Então como que obtém inspiração ou sabedoria de qualquer lugar. Se não estiver aberta, o instrutor poderá falar, o orador poderá dizer algo muito bom, porém isto não causará impacto. Se as pessoas acreditarem que as palavras originam-se de uma pessoa de importância espiritual, poderão dizer "sim, aceitamos isto", para depois converterem os ensinamentos, adequando-os às próprias opiniões e idéias preconcebidas. É o que acontece em todas as religiões. Todos nós ouvimos, vemos e compreendemos apenas aquilo que nos tornamos capazes de receber. Assim, se nossa consciência não atingir o ponto em que possa ser inspirada, não poderá haver inspiração externa. Todos nós ocasionalmente somos receptivos a algo, e isto é bom. Recebemos inspiração de uma caminhada em um belo lugar, do contato com outra pessoa, da ponderação sobre a verdade expressa em um livro, de estarmos por um momento sentados em uma igreja ou templo agradável. A inspiração é temporária, depois ela desaparece. Não se pode permanecer sentado em uma igreja todo o tempo. Se a pessoa tornar-se dependente, isto será ruim. Se as coisas tornam-se "familiares", perdem o encanto após um tempo. Mas se estivermos abertos não apenas a algumas coisas – aos momentos na igreja ou à floresta, ou a uma pessoa específica – se houver um estado de abertura, isso constituirá um despertar na própria consciência. O grau de abertura pode variar, mas qualquer que seja ele, a energia fluirá. Pode-se dispender tal energia, mas como ela está fluindo da própria pessoa, sempre será renovada.

Consideremos algumas palavras de Krishnamurti. "A maioria de nós tem muito pouca energia; nós a despendemos em conflitos e lutas e a desperdiçamos de várias maneiras – não apenas sexualmente mas também em contradições e na fragmentação de nós próprios, o que resulta em conflito. Esta é, de fato, uma grande perda de energia – a "voltagem" diminui. Não apenas a energia física é necessária como também a energia psicológica, com uma mente amplamente clara, lógica, sadia, não distorcida, e um coração que não tenha sentimento ou emoção a não ser a qualidade da abundância do amor, da compaixão. Tudo isso oferece grande intensidade, paixão. Você precisa disso porque, do contrário, não poderá empreender uma viagem para o que se chama de meditação. Vocês podem sentar de pernas cruzadas, respirar, realizar algo fantástico, porém jamais a atingirão."

Nós, realmente, despendemos muita energia em toda a espécie de atividades triviais. O conflito naturalmente é uma perda de energia, mas, além dele, numerosas distrações nos desgastam: as futilidades sobre as quais falamos, eventos destituídos de importância que aprisionam os nossos pensamentos e assim por diante. Se examinarmos nossas vidas diárias, poderemos observar todo um dispêndio de energia. Pequenos desejos – querer ser presidente de alguma instituição, procurar valorização e agradecimento, talvez desejar maior reconhecimento do que outras pessoas, pequenas conquistas e posses – existem muitos aspectos superficiais, triviais a chamarem nossa atenção. Tudo isto é energia despendida. Quanto ao conflito, ele consome energia, até mesmo em pequenos atritos, mal-entendidos, antipatia por outras pessoas, intolerância, ansiedade, temor, preocupações. Este tipo de energia não é espiritual, se podemos classificá-la, porque é produto daquilo que geralmente pode ser chamado de dor. Não nos deixa pacíficos e felizes. A energia espiritual, por outro lado, traz consigo as dádivas do espírito, o sentido de harmonia, de afeição por todos, beleza e sabedoria.

De que forma pode a energia ilimitada de natureza espiritual em nosso interior, oculta e não-desperta, abrir-se e fluir de modo desimpedido? Talvez seja necessário começar pelo desligamento do corpo e de suas sensações. Acreditamos que somos a mente-cérebro. Deveríamos questionar-nos se isto é realmente assim. É a mente-cérebro que nos impulsiona a adquirir, a lutar, a temer; baseia-se em memórias, pensamentos passados e preconceitos. Quando se extinguem todas as lembranças e preconceitos desnecessários, há um novo nascimento. Toda criança pequena tem inocência e carisma, porque a carga da mente cerebral foi alijada. Obviamente esta não é a fonte real da energia espiritual; contudo estamos de tal modo nela envoltos e com ela identificados. Será que podemos dela nos separar?

H.P.B. alertou que a gratificação sensual, ou até mesmo a autogratificação mental, envolve a perda imediata da capacidade de discernimento. Com freqüência, trata-se de uma combinação entre ambas. Onde há o prazer sensual, a mente trabalha-o e diz "eu quero isto novamente, não deixarei que outra pessoa tenha mais do que eu". Ou, então, queremos agradecimentos, sentimo-nos feridos se outros não apreciam o que fizemos. Como um exercício, para ver o que acontece, será que podemos viver por um período de tempo sem agradecermos uns aos outros? Não será natural ser prestativo? Então, por que não considerar isto como um ato natural? Por que devemos nos alimentar daquilo que os outros dizem ou nos certificarmos de que eles reconhecem nossos méritos?

Durante momentos de reflexão todos vêem a irrealidade da autogratificação. Contudo retornamos aos mesmos reflexos. *Viveka* é o constante exame e afastamento do irreal e do real relativo. Representa clareza quanto aos próprios desejos, emoções, prazeres sensoriais, gratificações mentais e, portanto, compreensão das relações, do discurso, da experiência de toda a espécie.

O belo e pequeno *Isha Upanishad* começa com um verso, afirmando que tudo "isto" – ou seja, o mundo da manifestação, Natureza, tudo o que se move ou não, as rochas, a terra, os minerais, os objetos aparentemente inanimados, bem como tudo o que parece animado e móvel, você, eu, o inseto, tudo – todo este Universo é a morada de um Poder ou Energia Divina. Está em toda parte, não possui fronteiras. O *Upanishad* diz, "vivencie com restrições". Não busque apreender tudo o que há nem física nem mentalmente. Você não possui as coisas do mundo; elas representam a morada daquele outro aspecto, a grande Realidade. Não sejamos avarentos ou utilitários, nem com pequenas, nem com grandes coisas, e, então, poderemos entrar em contato com aquela Energia. Embora no mundo moderno muitas pessoas não gostem de uma orientação desse tipo, uma vez que pensam ficar privados de sua liberdade, deverá haver uma qualidade de restrição no comportamento pessoal.

H.P.B. escreveu que "meditação, abstinência, observação de deveres morais, pensamentos gentis, boas ações e palavras amáveis, como a boa vontade para com todos e o inteiro esquecimento de si mesmo, constituem os meios mais eficazes para atingir o conhecimento e a preparação para a recepção da sabedoria mais elevada". A vida ética não pode ser ignorada se houver aspiração a encontrar esta Energia infindável, uma fonte constante de inspiração. A vida não ética constitui a expressão da mente-cérebro, a consciência superficial do ego externo com suas memórias, conhecimentos, desejos e distrações, a sua arrogância, seus temores e esperanças. O sentido do ego terá de morrer e ceder lugar à imensidão da vida. De acordo com Krishnamurti, não existe meditação sem retidão. Pode-se empregar as palavras conforme o gosto próprio: restrição, retidão, vida ética, disciplina, autodisciplina. A palavra não é importante, porém o fato que a caracteriza é que se reveste de importância.

Por que toda verdadeira escola religiosa falou sobre moralidade? Não a moralidade convencional, pois a moralidade de determinado povo, época ou sociedade pode ser uma forma de imoralidade. Costuma constituir uma forma de compromisso baseado na adequação do momento. As leis também são feitas desta maneira. Preocupamo-nos com a verdadeira moralidade. O que é realmente ético? Isto está com certeza vinculado à unidade da vida, à experiência da não-separatividade existente entre todas as formas de vida. Segundo os ensinamentos da Yoga, a ética constitui a base da meditação – daí as práticas denominadas *yama* e *niyama*[1] serem prescritas. A senda, de acordo com o Budismo[2], proclama reto meio de vida, meios que não prejudiquem outras pessoas, reto pensamento, reto falar e assim por diante. O mesmo podemos encontrar em outros ensinamentos.

Sem observar-se a si mesmo, aprendendo a ter uma vida verdadeiramente correta ou ética, é impossível atingir a nature-

---

1 Práticas preliminares de conduta ética, primeiros dos "8 passos" da Raja Yoga. Ver, por exemplo, *Preparação para a Yoga,* de I.K. Taimni, Ed. Teosófica. (N.E.)

2 Sobre este tema ver, desta Editora, *O Despertar da Visão da Sabedoria* (XIV Dalai Lama) e *A Libertação do Sofrimento no Budismo Tibetano Gelugpa* (Alberto Brum). (N.E.)

za espiritual mais profunda. Se acreditamos que a meditação está apartada da vida diária, o fracasso poderá ser visualizado desde o início. É isto que acontece com muitas pessoas. Elas dedicam algum tempo à "meditação", repetem fórmulas para tranqüilizar a mente por um momento, e depois aquela atividade termina, e a vida diária continua em um curso bastante diferente. Porém a meditação representa tocar aquela fonte mais profunda de energia que pertence à natureza espiritual. Será que isso pode ser feito se estamos dominados pela personalidade exterior? Precisamos lembrar-nos de que a vida não-ética e superficial da mente-cérebro é a causa das perturbações. Não tratamos sua causa, o "eu". O "eu" pode perturbar tudo! Ao encontrar um grande instrutor espiritual, ele ainda está em conflito, conforme simbolizado pelos atos de Judas, ou de Devadatta, que se opôs ao Buda. Assim, o "eu" pode transformar tudo em problemas, criando disputas onde elas realmente não existem. Se não lidarmos com este aspecto, desejando através da "meditação" encontrar a paz e o silêncio, tentaremos realizar o impossível. O "eu" e o silêncio não podem coexistir. Sem a moralidade, não pode existir a meditação, a qual representa o caminho para aquela energia real, mais profunda.

No mundo utilitário contemporâneo, toda a idéia de restrição e de autodisciplina não merece muita atenção. Se sempre fizermos o que o mundo ao nosso redor faz, seguramente seremos malconduzidos. É certo que precisamos descobrir o que significa a autodisciplina. Não é supressão, que significa apenas ocultar o problema. O "eu", na terminologia teosófica o "eu inferior", não pode ser abandonado. Somente quando vier o momento, quando estivermos preparados, estaremos então livres da personalidade inferior; porém, neste ínterim, o ponto consiste em integrar a ordem e a harmonia no "eu".

A palavra "disciplina", como a palavra "discípulo", está vinculada com o aprendizado. Se houver desordem internamente, a contradição de desejos diferentes ou opostos, como podemos viver de uma maneira sadia e sábia? Há o desejo de comer o que não é bom, e também o desejo de manter a saúde – uma contradição da qual muitas pessoas sofrem. Porém, há formas semelhantes e mais sutis de desordem interna as quais jamais resolvemos.

É necessário produzir uma condição de harmonia interior integral em nós mesmos, abrangendo o corpo, as emoções e os pensamentos, para possibilitar que a consciência possa despertar espiritualmente, de forma clara, sutil, profunda e sensível. Para realizar isso é necessária uma qualidade de plena atenção mental.

Tanto nos ensinamentos antigos como também nos mais recentes foi trazida ao nosso conhecimento a importância da atenção. A atenção cresce com a observação tranqüila do que se passa dentro e fora de nós. Não se trata de sempre observar-se a si mesmo. Se fizermos isso, poderemos tornar-nos autopreocupados em grau deplorável. Pensar em nada exceto no autoaperfeiçoamento é um estado bastante lamentável. Não se deve perder a capacidade de relaxamento, alegria e harmonia. Portanto devemos observar o todo, tanto interna como externamente. A natureza humana pode ser estudada não apenas ao nos vermos face a face, porém ao olharmos a natureza humana de uma maneira geral. Pode-se aprender bastante, desde que se analise de modo impessoal e objetivo, e não a fim de dizer: "olhe para aquela pessoa; ela é ciumenta". Devemos apenas olhar para ver como o ciúme opera. Se opera ali daquela maneira, pode funcionar de maneira semelhante também em mim. No momento pode não estar ativo, mas, quando eu estiver em uma outra situação ou em outra encarnação, enquanto o "sentido de eu"[3] estiver interiorizado, o ciúme poderá emergir. Todas as paixões e características pessoais são apenas ramos diferentes de uma única árvore: o "sentido de eu". Hoje posso não ser ganancioso porque encontro-me em uma posição afortunada; tenho tudo que desejo. Em outra ocasião posso vir a ser ganancioso. Assim, quando olhamos para outras pessoas, não devemos fazê-lo para apontar-lhes o dedo, mas para aprendermos o que pode acontecer, como a mente opera e com que facilidade ela pode autoiludir-se. Juntamente com isso, há também a quieta observação da luz solar, das sombras, da relva, de tudo que está fora e dentro de nós. A observação torna a mente mais desperta.

3 No inglês, "I-ness". (N.E.)

Também é importante ouvir, porque é uma maneira de sermos receptivos e de expurgarmos a mente do seu conteúdo. Não deveremos dizer "eu estou ouvindo música"; ouvir música é algo relativamente fácil. Deve-se apenas aprender a ouvir – ouvir tudo o que existe, a vida na árvore, a alegria no nosso amigo, ou até mesmo em quem não é tão grande amigo. A atenção inclui ouvir. Na escola de Pitágoras, os neófitos aprendiam a ouvir, e isso também foi ensinado na Vedanta. Ouvir com tranqüilidade esvazia a mente. Ouvir com atenção também constitui ouvir algo que é profundo em nós. Para isso deve-se ouvir com o coração, não com o ouvido ou com a mente.

No decorrer de uma passagem do *Brihadaranyaka Upanishad*, são formuladas as seguintes perguntas: como pode ser descoberta a Realidade oculta, o ser mais recôndito de tudo, o *Ātman*? O instrutor sábio diz: é compreendido através da visão, da audição, da ponderação e da meditação. Vivendo desta maneira, aos poucos, surgirá o silêncio interior. Você pode falar com um amigo, porém, sereno no fundo, você vive mais silenciosamente. Seus períodos de silêncio tornam-se mais fáceis, mais naturais. O silêncio da língua, então, reflete o silêncio da mente cerebral; é o silenciar do eu separativo. Este é o verdadeiro silêncio, às vezes chamado o "grande silêncio".

Ponderar sobre as questões mais profundas da vida faz parte do trabalho que conduz à meditação. Questões mais profundas têm um significado universal, e a sua contemplação dá uma nuance diferente à mente. A maioria de nós está apenas preocupada com problemas pessoais imediatos. Quando parecemos pensar em um problema grupal ou até mesmo mundial, costumamos fazê-lo do ponto de vista pessoal. Existe uma grande diferença entre "como posso escapar da tristeza e dos problemas?" e "qual é o caminho para a libertação do sofrimento?" Se for o caminho real, será o caminho para todos, porém nossa abordagem da questão deve ser de fato reflexiva e não pode representar um envolvimento pessoal. Se o fizer, não será uma reflexão real.

Quando uma jovem mulher foi até o Buda e lhe solicitou que trouxesse a vida de seu filho morto, Ele, em sua compaixão, disse-lhe: "Traga-me um punhado de mostarda de uma casa onde não tenha havido morte". Depois de uma busca inútil, ela retornou. Ele não tinha o coração endurecido; estava lhe dizendo que olhasse para o problema como algo universal e não como um problema dela apenas. O problema da morte é o do afastamento daquilo a que nos apegamos, o que é universal. Se vivermos com maior profundidade de percepção, sensibilidade e clareza, surgirá certa riqueza – energia infalível e inspiração – porque essas são as qualidades de uma mente nova. A regeneração é algo maravilhoso. Quando a mente se tornar diferente, estará plena de vitalidade, possuindo virtude e bondade.

Não fiquemos satisfeitos em permanecer em um nível relativamente pouco profundo na Sociedade Teosófica. Muitas pessoas querem a meditação; talvez existam pessoas que anseiam pela vida espiritual. Mas o que entendemos por meditação[4]? Conforme disse Krishnamurti, não é simplesmente estar sentado de pernas cruzadas, respirando ou praticando alguma fórmula. É uma maneira de produzir uma mudança radical em nós mesmos, trazendo abundante energia inspiração e compreensão.

4 Ver, por exemplo, *Meditação, um Estudo Prático* (Adelaide Gardner), *Meditação, sua Prática e Resultados* (Clara Codd), *Gayatri, o Mantra Sagrado da Índia* (I.K. Taimni), todos desta Editora. (N.E.)

7

Conclusão

Estivemos analisando o tema da regeneração por vários dias. Obteremos também cópias das palestras, questões e respostas. Estas nos ajudarão a lembrar que precisamos atentar ao tema por longo tempo. O fim do seminário não será o fim do assunto, porque ele é de natureza vital. Como sabemos o quanto ele é essencial, não deveremos tornar a abordá-lo de forma rotineira.

Embora pensemos estar vendo a importância da regeneração, isso realmente não acontece. Vislumbramos apenas parte dela. De uma forma reduzida, sabemos que os seres humanos precisam tornar-se menos egoístas ou, do contrário, o mundo estará em grande perigo. Porém não vemos isso como um todo, não sentimos o peso real do problema; é por essa razão que a necessidade de trazer uma mudança radical não passa a ser imperativa em nossas vidas. Assim sendo, dever-se-ia perceber a vitalidade do problema. Como podemos realizar isso? Quando retornarmos ao nosso trabalho doméstico, do escritório, às preocupações diárias, será que esta questão desaparecerá? Se isso ocorrer, nada se modificará. Podemos então pensar em manter o tema vivo até que ele evoque a paixão para produzir a regeneração?

Conta-se a seguinte história sobre uma pessoa que perguntou ao seu instrutor: "Como posso tornar-me livre?" O instrutor mergulhou-a na água, mantendo-a submersa até que a respiração começasse a faltar-lhe. Depois ele explicou que aquele que anseia pela libertação, como uma pessoa que anseia pelo ar quando está submersa, encontrá-la-á. É este o significado de *mumukshutva,* uma qualificação no caminho espiritual. Significa sinceridade e unidirecionalidade de propósito.

H.P.B. sugere que, se lermos durante cinco minutos, devemos meditar sobre o que foi lido durante muitas horas – não necessariamente de uma só vez. Penso que isso significa que precisamos manter o tema no fundo da mente, mantê-lo vivo.

Um importante texto sobre a vida espiritual compara isto a uma pessoa que está enamorada, que pode estar ocupada de muitas formas, cozinhando, lavando, ou mesmo arando o solo, mas em quem encontramos sempre uma canção no coração, um sentimento interior de relacionamento com o bem-amado, uma vivência da beleza do amor. Isso está presente todo o tempo. Assim, a percepção terá de permanecer no interior, guiando-nos à compreensão mais ampla.

A regeneração não costuma ocorrer de forma repentina. Uma tal transformação imediata não pode ser eliminada enquanto possibilidade teórica, porém normalmente terá de ser precedida por trabalho perseverante. Krishnamurti falou da mudança imediata e total, mas também disse que isso não pode realizar-se em um único ato dramático. Sempre que vemos um pensamento surgir da mente não-regenerada, precisamos eliminá-lo. Isso significa atenção constante, autoconhecimento. Em outra ocasião, ele comparou o trabalho a um jardim do qual cuidamos. Se você prepara o solo, planta as sementes e depois viaja em férias, não haverá jardim. As sementes podem ser de boa qualidade, mas o jardim estará repleto de ervas daninhas. Cuidar de um jardim significa preparar o solo, semeá-lo, cuidar e remover as ervas daninhas, regar os brotos e assim por diante – cuidado, atenção e trabalho contínuos.

O processo de regeneração é semelhante. Não é suficiente vir ao seminário, entusiasmar-se e depois sair em férias. O jardim terá de ser cuidado, a canção terá de permanecer no coração, afetando-nos profundamente com sua harmonia. Se acompanharmos o ímpeto da regeneração dentro de nós mesmos, cada vez mais luz virá com relação àquilo que teremos de fazer, como poderemos transmitir algo, compartilhando com outras pessoas aquilo que recebemos.

Uma das melhores formas de receber maior compreensão é através da tentativa de compartilhar. Quando compartilhamos, recebemos. Porém este compartilhar é algo muito delicado. Não podemos tentar converter as pessoas. O espírito missionário terá de estar completamente ausente na Sociedade Teosófica! Não devemos imaginar que sabemos sobre o assunto. Trata-se de descobrir o que é a regeneração juntamente com pessoas que não tenham estado aqui. Será que há algum outro caminho para que a humanidade possa desvencilhar-se de seus problemas? Será suficiente encontrar formas superficiais para solucionar problemas? Estas questões podem ser compartilhadas com os outros. Não pode ser uma atividade única e, assim, supostamente suficiente.

Conforme dissemos, há necessidade de delicadeza. Quando tivermos recebido algo de valor, teremos de compartilhar e comunicar, porém com equilíbrio e humildade. Através de nossas vidas terá de crescer a compreensão sobre como funciona a mente impura e não-regenerada. O autoconhecimento é muito importante.

Podemos tentar várias experiências. Por alguns meses, poder-se-ia tentar nunca fazer referência a si mesmo. Grande parte da nossa conversa é sobre nós mesmos e sobre nossos sentimentos. Suponhamos que tentemos não falar sobre quaisquer experiências pessoais, sobre aquilo que comemos ou fizemos e por que o fizemos. Seria isso de grande importância? Por que todas as outras pessoas deveriam saber a respeito? Os outros não estão ansiosos por sabê-lo, mas nós estamos tão impregnados de nós mesmos, que tudo sobre nós parece importante: as roupas que usamos, as cores de que gostamos e assim por diante. Por que não pôr um ponto final nisto, deixar de falar uma palavra sequer sobre nós mesmos, exceto quando estritamente necessário em nível prático? Esta prática poderia nos fazer notar o quanto o "eu" parece sustentar-se a si mesmo de forma inocente. Existem várias experiências interessantes que se poderiam tentar realizar.

Gerar uma nova mente não precisa basear-se apenas na observação ou na ponderação. Poderia ser de natureza experimental. O importante é manter-se nesta direção. Se a regeneração está viva para nós, ela se tornará viva na loja teosófica ou no grupo com o qual trabalhamos. Não podemos mantê-la viva se for apenas um conceito mental. Terá que ser uma realidade, uma realidade crescente.

II

Debates

1

O Trabalho da Sociedade Teosófica e a Mudança Fundamental no Homem e na Sociedade

Radha Burnier: O propósito da organização desses dois seminários é de natureza prática; esperamos que como resultado dos debates venhamos a ter uma idéia mais clara sobre o trabalho da Sociedade. Aqui estão reunidos representantes de muitos países da Europa e também de outros continentes. Em muitas partes do mundo há seções, lojas e grupos da S.T.; a algumas falta a clareza sobre os objetivos da Sociedade e a fraternidade universal sem distinções que é nosso objetivo. Muitos aqui detêm funções de responsabilidade nas seções e precisamos ter clara a direção que a S.T. deveria dar ao pensamento, à compreensão e às perspectivas do homem. Se o fizermos, isso poderá dinamizar a Sociedade. É isso que esperamos. Se não o fizermos, atividades aleatórias podem realizar-se nas diferentes seções sem realmente promoverem o trabalho da Sociedade.

Porém o propósito central da Sociedade terá de ser atendido por todas as suas diferentes unidades. Esperamos, desta forma, que esses debates tragam uma compreensão clara dos temas escolhidos para os diferentes dias e que possamos retornar para os nossos países e setores com uma nova compreensão daquilo que precisa ser feito.

(As questões e discussões a seguir não estão em ordem cronológica. Foram dispostas de acordo com os temas das palestras).

Qual é a mudança fundamental necessária para que a S.T. seja uma organização realmente útil à regeneração humana?

DG: Não há S.T. sem os seus membros. A S.T. é constituída por todos nós e, à medida que nos regenerarmos a nós mesmos, a S.T. será regenerada. Pensamos sempre que o outro precisa mudar, porém temos de começar conosco.

PO: Nos primórdios da Sociedade havia uma insistência em ser "um teosofista verdadeiro". E nisso há um significado profundo que abrange muitos pontos relevantes para os nossos debates, como *viveka, vichara* e compaixão. Talvez possamos ajudar a tornar a S.T. um canal útil para o progresso humano à medida que nós próprios nos esforçarmos para sermos "teosofistas verdadeiros" – tarefa para uma vida inteira.

WV: Parece-me que esta e muitas outras questões podem ser respondidas da mesma maneira. Precisamos dar tanta energia (divina) à questão que, como resultado, surgirá algo inteiramente novo, algo que poderia ser chamado de um passo evolutivo ou regeneração.

GG: Se qualquer instituição esquece de dar atenção a acontecimentos não planejados, haverá prejuízo. As pessoas precisam estar conscientes dos processos internos no aqui e no agora, integrando-os de uma forma significativa à vida institucional. Penso que esta seria a melhor maneira de regenerar a instituição.

Como deveríamos encarar o karma e a reencarnação com relação à regeneração humana?

RB: Há duas abordagens diferentes para estes conceitos. Uma preocupa-se com a mecânica e não com o conteúdo interno ou com o propósito dos processos do *karma* e da reencarnação; isso poderá não ser suficiente à regeneração. É útil conhecer algo sobre o processo do *karma* e da reencarnação; pessoas que não conhecem o assunto são muito temerosas acerca do que acontecerá depois da morte do corpo físico. Tornam-se vítimas de padres, de suas promessas e ameaças. Quando conhecem algo sobre o *karma*, compreendem que seu destino está nas próprias mãos e não nas mãos de um poder arbitrário na Terra ou nos céus.

Esses temas podem ser apresentados em detalhe, porém sabendo-se que os detalhes não auxiliam a adquirir sabedoria. Suponhamos que adquirimos conceitos sobre o número de reencarnações necessárias antes da libertação, quantos anos podem passar entre uma encarnação e outra, quais são as conseqüências do *karma* de um determinado ato e assim por diante. Será que isso realmente produzirá uma nova compreensão?

A segunda abordagem revela todo o processo de reencarnação e *karma* como o movimento no decorrer do qual a consciência humana desperta para o significado profundo da vida. Está assim relacionada com a regeneração. Se compreendermos adequadamente o *karma* e a reencarnação, veremos o que está ocorrendo em um nível mais profundo do processo. Tudo o que o *karma* traz, encerra em si mesmo a oportunidade para o despertar. Madame Blavatsky expressa: o *karma* traz o bem. *Karma* não implica apenas desastres e crises. *Karma* é tudo. Se estamos aqui juntos, isto faz parte do nosso *karma* e constitui uma oportunidade. Toda dor é uma oportunidade para responder da forma certa. Todo processo é um movimento. Enfrentamos experiências de modo que possamos aprender a responder adequadamente aos desafios. Algo acontece, até mesmo inconscientemente, através do *karma* e realiza-se uma assimilação entre uma encarnação e outra. Não podemos considerar este tema em detalhes, porém dissemos o suficiente para compreender que, se o estudo do *karma* e da reencarnação trouxer alguma compreensão do que está sendo internamente obtido através deste processo, ele terá muito a ver com a regeneração, mas isso se não nos perdermos em minúcias.

EA: Penso ser importante ver como esses pontos relacionam-se com nossa vida diária. Consideremos o *karma*, por exemplo. Vemos que algo nos acontece e que não podemos controlá-lo. Porém podemos controlar nossa resposta, aquilo que *fazemos* com o *karma*, com o que encontramos – e este é o nosso *karma* futuro. Estamos livres para reagir diante do que acontece.

RH: Quando sabemos que temos muitas vidas diante de nós, que podemos nos aprimorar de vida para vida, e que este aprimoramento está em nossas mãos, então compreendemos como serão frutíferos os vários esforços para nos tornarmos seres humanos mais perfeitos e que ajuda podemos oferecer a outras pessoas no futuro, uma vez que tenhamos nos aprimorado. Precisamos vir a ser o fermento que possibilita a massa humana crescer, inspirando outras pessoas de maneira que a humanidade como um todo possa desenvolver-se através dos esforços por nós empreendidos. Então todo esforço terá valido a pena.

RB: Às vezes Krishnamurti dizia para audiências na Índia: "vocês não acreditam em *karma*; apenas, dizem, que acreditam. Se acreditassem, seriam muito cuidadosos com o que pensam, com o que fazem, com suas motivações...". Esta é uma lição para todos nós. Será que a lei do *karma* está apartada das nossas vidas diárias ou está intimamente vinculada ao movimento de progressão?

Deveríamos aceitar quaisquer diretrizes?

RB: Há diretrizes na teosofia. Uma dessas diretrizes nos mostra que não deveríamos nos tornar dependentes, apoiar-nos em muletas. Será que isto não está claro? Não se prenda a um instrutor e espere que ele irá regenerá-lo. Não dependa de quaisquer escrituras. Se colocarmos a responsabilidade fora de nós, não haverá regeneração. O teste para um verdadeiro instrutor é se ele tornará ou não as pessoas dependentes. Buda disse: "não acredite em fato algum porque eu o disse; descubra por você mesmo. Seja uma luz para você mesmo." Não seria esta uma diretriz clara? Existem outras diretrizes teosóficas. Estas diretrizes não nos prendem, mas nos tornam mais livres. Não deveríamos apenas evitar a dependência, mas abster-nos de meramente repetir o que alguma outra pessoa disse, de acreditar ou aceitar cegamente. Deveríamos ter espírito de investigação, porque isto dá a partida para o processo da regeneração.

O que significa o espírito de investigação? Significa reflexão, questionamento, busca, procura profunda, sondagem. Na "Escada de Ouro", de H.P.B., ela termina com as seguintes palavras: "esta é a escada de ouro, cujos degraus pode o aprendiz galgar até atingir o templo da sabedoria divina." Infelizmente, em alguns idiomas, a palavra "aprendiz" foi transformada em algo que não tem o mesmo significado, mas aprender[1] significa "investigação contínua", penetrar cada vez mais profundamente, percebendo de forma cada vez mais acentuada a natureza interior de tudo na vida. A regeneração ocorre através da investigação, da reflexão, meditação e observação silenciosa.

Qual é a importância das diretrizes?

RB: Será que isto não depende do tipo de diretrizes? Para nós, que procuramos a sabedoria, podem haver algumas diretrizes fundamentais que são importantes. Podemos dizer que uma das diretrizes é a unidade. Se você tiver em mente esta diretriz, o princípio da unidade, você saberá quais as idéias certas. Se elas dividem, criam barreiras, algo está errado. Se elas fomentam a unidade, o amor universal, então nelas há o bem. Minha ação está certa ou errada? Pense se está "no lado do amor", como diria Annie Besant, ou no lado contrário. Esta é uma diretriz útil e mesmo importante. Outra diretriz está na declaração "a iluminação vem do interior". Quando você ouve música a que não está acostumado, no princípio você ouvirá os sons, não a música. Mas se você continuar ouvindo, os sons transformar-se-ão em música porque aumentou a receptividade interna. Podemos apenas ver o que nos tornamos capazes de ver. Nós apenas podemos ouvir a verdade para a qual nos tornamos prontos. Esta é uma diretriz importante na teosofia. Não precisamos procurar gurus. Devemos desconfiar dos gurus que oferecem recompensas.

---

1 Em inglês, "to learn". (N.E.)

De um determinado ponto de vista, é difícil dizer o que é a S.T.. A teosofia é uma sabedoria impossível de ser definida e é a fonte da inspiração. A abertura da Sociedade constitui ao mesmo tempo sua fraqueza e sua força. É notável que depois de cem anos de existência a S.T. ainda esteja viva e funcionando. Você poderia comentar a esse respeito?

CB: De certa forma, a abertura da S.T. é uma fraqueza, porque quando as pessoas chegam à S.T. nada há de definido para dizer-lhes. Porém, na realidade, constitui uma força, porque podemos encontrar as pessoas e debater aquilo que lhes interessa. Devemos ouvir os outros cuidadosamente para descobrir quais são suas questões, seus problemas, e não imediatamente adiantar-se com este ou aquele ensinamento. Algo que integramos em nossas vidas, que é parte de nossa compreensão mais profunda, é que pode atrair à pessoa a quem estamos ouvindo. Esta abertura precisa ser mantida, e nós precisamos dar às pessoas aquilo que faz parte de nossa vida, de nossos corações.

RB: A S.T. é uma fraternidade mundial não sectária de pessoas que de forma séria procuram um caminho para que toda a humanidade possa atingir um estado de verdadeira felicidade. Os elementos de muitos aspectos diferentes estão envolvidos no encontro desse caminho. A perspectiva filosófica é necessária e é fornecida pela literatura teosófica. Também é importante uma maneira de vida que seja essencialmente religiosa. A S.T. não é uma sociedade religiosa. H.P.B. disse que a teosofia não é *uma* religião, mas a religião *per se*, a Religião-Sabedoria. Compreendemos que, com as presentes limitações em nossa percepção, não podemos encontrar o caminho para o verdadeiro bem-estar. Precisamos purificar nossas mentes e eliminar nossas limitações. Neste elemento religioso estão incluídos o que chamamos de cultura e educação. Educar-se a si próprio sobre a vida, cultivando todas as faculdades, inclusive a intuição, exteriorizando aquilo que está profundamente oculto em nós mesmos e desenvolvendo a percepção – tudo isso faz parte da vida religiosa.

Há também um elemento científico na S.T., porque nossa visão do Universo não é irracional. Reconhecemos que há profundidades as quais transcedem o racional, porém não desprezamos o racional. A mente racional tem o seu papel na compreensão. Deve-se aprender a examinar tudo sem chegar a conclusões prévias, pois apenas uma mente deste calibre estará preparada para investigação espiritual. A S.T. é também filantrópica em uma ampla acepção do termo.

Um equilíbrio entre todos esses elementos fornece à S.T. o seu caráter. Se fosse sublinhado apenas um elemento, a S.T. não seria ela mesma. Ela não está destinada a ser uma sociedade filosófica. Não é uma religião com uma igreja, padres ou cerimônias. Não é um corpo científico, porque não pode limitar-se ao campo que a ciência escolheu como sua área de atuação. Não é um corpo filantrópico em sentido restrito, praticando caridade exterior. Não é uma sociedade de pesquisa psíquica. A característica especial da S.T. resulta de um reconhecimento de que o ser humano é uma entidade complexa, operando em diferentes níveis: físico, emocional, mental, intelectual, moral e espiritual. Todo ser humano precisa ser compreendido para que a regeneração possa produzir-se. Não devemos confinar-nos apenas ao bem-estar físico do homem ou ao progresso na área intelectual.

O caráter bastante sutil da Sociedade de certa maneira também constitui um problema. Se ela tivesse um caráter mais facilmente definível, seria fácil compreender e explicar o que é a Sociedade. Por ser a natureza do seu trabalho bastante complexa e ampla, é mais difícil ajudar às pessoas a compreenderem o que representa seu trabalho.

A filiação à S.T. é muito aberta. Praticamente qualquer pessoa pode preencher um formulário de inscrição aceitando os objetivos, pagar uma importância muito reduzida e se tornar membro. É comum que um membro novo não compreenda onde está ingressando, tendo apenas algumas idéias vagas. Se existem muitos membros com idéias vagas, a própria loja torna-se vaga. Às vezes membros novos têm idéias definidas, porém elas são diferentes daquilo que a Sociedade representa. Quando pessoas com idéias definidas e contraditórias ingressam em uma loja, isto cria problemas; porque desejam transformar a loja em um corpo que a elas se ajuste. Não obstante, pode haver uma vantagem em não fechar as portas até mesmo às pessoas que têm apenas interesse superficial nos reais objetivos da Sociedade. H.P.B. disse que isto cria um elo de *karma*; algo tocou aquelas pessoas para que descobrissem o que é a Sociedade, e aquele impulso pode influenciá-las mais tarde. Grande número de membros ingressa para depois sair da Sociedade. Talvez isto não venha ao caso; eles são tocados de alguma maneira. Neste sentido a Sociedade está aberta.

Há um outro tipo de abertura. Não tentamos impor quaisquer dogmas ou postulados aos membros. Acreditamos no questionamento, em descobrir o caminho para vivenciar a verdade. Existe uma fraqueza aparente nesta abordagem, porém, na verdade, ela proporciona força. É por isso que a S.T. sobreviveu tanto tempo, apesar de crise após crise. Ela está destinada a continuar enquanto mantiver o seu caráter essencial. A sua abertura lhe empresta força moral e espiritual. Seria mais fácil dizer: isto é teosofia; aceite-a e seja um bom aluno que aprendeu a sua lição, repita-a para outros. Mas não é este o nosso método.

Outro ponto também importante. Como vocês sabem, não existe autoridade na Sociedade. Sua estrutura é de natureza democrática. O presidente não tem o poder constitucional para dizer às Seções o que elas devem fazer. Tanto essas quanto as lojas são autônomas, com regras próprias e órgãos diretivos. Ninguém "de cima" interfere, tampouco uma seção diz à outra o que deverá fazer. Todas são independentes, porém não autônomas no sentido de terem liberdade para mudar o seu caráter. Cada loja é o representante da Sociedade em sua localidade e terá de continuar a sê-lo. Uma loja não está livre para transformar-se em um templo hebraico ou em um templo de Sai Baba. Enquanto mantiver o caráter da Sociedade, terá liberdade para funcionar como desejar, escolher os seus dirigentes e assim por diante.

Seria mais fácil não possuir uma estrutura democrática, não tendo filiação de membros, nem propriedades, eleições, funcionários. É desta forma que algumas outras sociedades teosóficas estão organizadas. Existe um comitê central que organiza encontros, detém as propriedades etc. As pessoas vêm às reuniões, usam a biblioteca, porém não têm direitos, responsabilidades, tampouco problemas.

Na nossa S.T. atribuímos responsabilidades a cada unidade e membro. É importante aprender, aceitar responsabilidades e cooperar sem ser ambicioso ou invejoso. Isto é em si uma forma de educação. Precisamos aprender a trabalhar em conjunto. Há tanto fraqueza quanto força em nossa Sociedade. É realmente notável que até agora ela não tenha sucumbido. O que mantém a Sociedade unida? Conforme dissemos, o presidente internacional e os funcionários não têm poder direto. Cada seção é separada, contudo conseguimos manter um sentimento de união por mais de cem anos. Não foi a organização que criou este sentimento. É alguma qualidade viva que percebemos.

ER: Ilya Prigogine disse que cada sistema vivo tem quatro qualidades. A S.T. é um sistema vivo e deveria ter essas quatro qualidades. A primeira é abertura total; a segunda, vulnerabilidade; a terceira, flexibilidade; e a quarta é ousar renunciar ao que é exterior. Assim, você receberá maior força interna.

Krishnamurti aboliu todas as organizações. Alguns teosofistas parecem pensar que a S.T. é "o" instrumento da Hierarquia por excelência. Outros dizem – e parece haver mais verdade nesta declaração – que a teosofia é superior à S.T.. Durante quanto tempo a S.T. permanecerá importante, supondo-se ser ela importante?

RB: Krishnamurti não aboliu todas as organizações; existem inúmeras organizações no mundo. A S.T. permanecerá importante enquanto realizarmos a forma certa de trabalho. Depende do que fazemos e do que as gerações de membros futuras farão. H.P.B. disse em *A Chave para a Teosofia*[2] que o futuro da S.T. dependerá inteiramente do grau de altruísmo, seriedade e devoção dos membros, e, por fim, mas com igual importância, da extensão de conhecimento e sabedoria demonstrados por aqueles membros a quem caberá dar continuidade ao trabalho. Podemos não ter sabedoria, porém ao menos devemos ser pessoas que buscam a sabedoria. A S.T. será importante se for cons-

2 Publicado pela Editora Teosófica, 1991. (N.E.)

tituída por pessoas altruístas as quais estão procurando sabedoria, a fim de que o mundo possa ser melhor, e não para satisfação própria. A busca por sabedoria não deverá ser uma nova forma de egotismo. Se a S.T. é efetivamente composta por indivíduos altruístas que buscam a sabedoria, com certeza permanecerá importante. Se a transformarmos em algo trivial – um clube social, uma instituição acadêmica etc. – então ela deixará de cumprir sua finalidade. H.P.B. disse: "a menos que asseguremos a existência de uma sabedoria viva, a S.T. permanecerá como um corpo morto a ser lançado em algum ponto na praia". E não haverá sabedoria viva se não tentarmos descobrir a verdade da vida, expressando-a em nossas vidas e procurando compartilhar com outros novos pontos de vista. Em outras palavras, se a S.T. é um instrumento para produzir a regeneração, uma nova mente humana, ela permanecerá importante. Mas se ela se tornar uma nova seita, um conjunto de pessoas presas às próprias teorias, ela poderá sobreviver externamente, porém será algo destituído de vida.

Será que nós como teosofistas seríamos, em escala mundial, mais eficazes no serviço à humanidade se, em determinada hora, a cada dia, nós todos nos centralizássemos em um tema específico relativo à regeneração humana?

RH: Em primeiro lugar não deveríamos ter uma reação negativa. Mais uma vez há a sugestão de que todos deveríamos meditar todas as manhãs sobre um tema específico. Não haveria fim para os bons pensamentos que todos poderíamos juntos difundir diariamente para o mundo em hora determinada. Porém isso parece tornar-se um fardo.

RB: Se todos os membros em escala mundial concordassem em meditar em determinada hora, algumas pessoas teriam de estar acordadas no meio da noite! Seria mais prático realizá-lo no mesmo horário local. Em outras ocasiões também foi feito um apelo para a transmissão de tais pensamentos. Lembro que Riki liderou a elaboração de um apelo para uma maneira de viver mais humana, uma campanha universal da bondade, com o apoio de Geoffrey Hodson. Porém o esforço se exauriu, como sempre acontece nesses casos. Se muitos de nós enviássemos nossos pensamentos sobre um tema específico, isso teria um efeito mesmo se não estipulássemos a hora. Se todos os membros da S.T. pensassem todos os dias sobre a regeneração da humanidade e enviassem sua boa vontade, estou segura de que isso seria bom.

Há crescentes danos e poluição ambiental. Será que nós, como teosofistas, possuímos tempo suficiente para solucionar esses problemas antes que seja demasiado tarde?

DG: Penso que quando estamos realmente entusiasmados com algo, sempre temos tempo para fazê-lo. Na minha opinião, como membros da S.T. podemos escolher dois caminhos: um é o de trabalhar entre os membros e o outro, diretamente para o mundo. Deveríamos estar dispostos a aprender daqueles que estão fora da S.T. e que sabem mais sobre assuntos técnicos, como poluição, por exemplo, enquanto tentamos inspirá-los com as diretrizes teosóficas da unidade, da integridade e da totalidade.

LR: Todos os danos ambientais são causados por nós, seres humanos. Por conseguinte, eles somente podem ser corrigidos por seres humanos que se iniciaram no caminho da regeneração. A regeneração do nosso planeta pode apenas concretizar-se se nos regenerarmos a nós próprios. Depende de todos nós, se temos tempo suficiente para tal.

FF: Será que não há um poder divino a auxiliar a Mãe-Terra para auto-restaurar-se e manter-se em equilíbrio?

RB: Esses problemas são fundamentais ou secundários? Poderemos pôr um fim aos danos ambientais se continuarmos a ser tão gananciosos como quanto somos? A população humana está constantemente aumentando; agora temos o poder de destruir todas as outras espécies. Novos seres humanos ocuparão a área que ficou vaga pela aniquilação e se juntarão à raça para adquirir, usufruir etc. Será que o problema ambiental pode ser solucionado sem que se aborde esta avidez insaciável que é característica da nossa moderna sociedade de consumo? Em que medida nós, teosofistas, estamos contendo nossa avidez? Será que estamos comprando objetos que são desnecessários? Estamos trocando os objetos que possuímos apenas porque queremos que sejam mais modernos, possuindo algo mais belo etc? Qual a quantidade de papel que desperdiçamos? Será que modificamos a nossa atitude em relação à exploração dos recursos naturais ou será que também estamos participando deste processo, seja de forma inconsciente ou consciente?

Podemos estar falando de poluição por um lado, enquanto fazemos parte de uma sociedade de desperdício. Aquele que vem de um país pobre não pode deixar de sentir-se horrorizado pelo desperdício que aqui ocorre. É claro que as pessoas em outros países não são melhores; se elas tivessem aquilo que as pessoas têm aqui, provavelmente também desperdiçariam da mesma maneira. Como teosofistas, precisamos ir até a raiz do problema, que é a sede por objetos materiais, novidades, excitação, posses. Talvez, se analisarmos seriamente este ponto, toquemos a atmosfera psíquica do mundo. Os pensamentos difundem-se com rapidez. Nos dias em que a escravidão tinha aceitação quase que universal como parte necessária do sistema econômico, havia algumas pessoas extraordinariamente corajosas as quais foram prejudicadas ou ameaçadas porque estavam subvertendo o sistema estabelecido. Contudo a intensidade de sua convicção fez com que um número cada vez maior de pessoas passasse a perceber que a escravidão era algo abominável. Assim, se tivermos uma convicção clara sobre a degradação do meio ambiente e se agirmos de acordo com ela, haverá uma mudança na atmosfera mental. Tudo depende de nossa seriedade e convicção absoluta. Quem pode saber se isso acontecerá em tempo hábil? Talvez a inteligência da Natureza venha a corrigir a situação de alguma maneira.

Por que pedimos à Sociedade Teosófica que ajude a solucionar os problemas do mundo?

RH: A S.T. foi fundada com a finalidade de auxiliar a humanidade a solucionar os seus problemas.

GG: Penso que não é uma questão da S.T., mas do ser humano. Se eu não procuro uma solução, sou parte do problema. Se a pessoa é teosofista ou não, ela ainda é um ser humano, e os problemas da humanidade são nossos problemas.

AR: Eu me questiono se a Sociedade Teosófica deveria ser uma organização para auxiliar a solucionar os problemas do mundo. Como organização ela nada pode realizar. Pode apenas constituir uma base para as pessoas que realmente estão procurando a verdade.

WV: Teosofia implica totalidade, integralidade, sacralidade. A palavra teosofia está além da compreensão e além das explicações. Para mim, o teosofista é uma pessoa que sente o impulso de considerar a vida no mundo da manifestação, a vida inferior, a partir de um ponto de vista mais elevado, uma consciência mais elevada; digamos, a partir da consciência búdica, que é a consciência da totalidade, da santidade. A S.T. é um núcleo de pessoas que desejam, com profunda sinceridade, considerar os problemas do mundo inferior à luz do mundo superior que buscam desvendar através do milenar caminho do estudo, da meditação e da prática. Se realmente fizermos isso, como teosofistas, teremos algo singular com o qual contribuiremos para a solução dos problemas do mundo inferior. Como uma Sociedade e como teosofistas, realmente temos a oportunidade de solucionar problemas, vendo-os à luz do mais alto, do Sagrado Um.

RB: O que vem a ser a Sociedade Teosófica? Não será ela porventura nós mesmos? Há uma Sociedade Teosófica que possui regras e que está registrada junto aos governos de vários países, porém a S.T. em si não pode solucionar problemas.

A S.T. constitui um meio para reunir as pessoas que percebem que existem problemas sérios, pessoas preocupadas com a sua solução.

2

A Natureza da Mudança

A regeneração foi descrita como um movimento do egocentrismo para o altruísmo. Porém Krishnamurti disse que não há evolução psicológica. Como podemos compreender a diferença?

RB: Existe uma progressão do egocentrismo para o altruísmo? Será que há algo a ser feito a respeito? Será que não há diferença entre uma pessoa que é mais egocêntrica e uma que é menos egocêntrica? Segundo Krishnamurti, ou você é egocêntrico ou não é, o que indicaria um salto e não uma progressão.

GW: Krishnamurti repudiou as técnicas para atingir objetivos e disse que, ao compreendermos realmente o problema, a mudança se concretiza. Porém para mim, um estudante comum, isso parece impossível. Nós precisamos de tempo. Começamos pelo estudo e, então, surgirá alguma forma de despertar. Enfrentamos a vida, fazemos algum progresso, retrocedemos alguns passos e avançamos novamente. Como uma pessoa comum, sinto que preciso de tempo.

AR: Quando um homem está diante de uma casa incendiando e ouve o som do movimento de uma criança no seu interior, de súbito sua consciência muda totalmente. Ele corre para dentro, ignorando todo o perigo para si mesmo, e salva a criança. No momento em que ele sai da casa, sua consciência retorna ao normal. O que Krishnaji disse está certo para todos em determinado momento. Em certas ocasiões temos a coragem de fazer algo que jamais aconteceu antes, porém a consciência volta ao normal. É raro que ela continue a funcionar daquela forma especial.

RB: Não poderia ser algo como um fruto em uma árvore? Amadurece gradualmente e, no tempo certo, ele cai. Uma fruta não amadurecida não cai. A consciência da pessoa liberta, que não tem um "eu" em si, encontra-se em uma dimensão diferente. Então, não se pode progredir nessa direção. A consciência animal é dimensionalmente diferente da humana. O pequeno cão que costuma aparecer por aqui nos vê sentados juntos, falando, por mais de uma hora porém não pode compreender o assunto sobre o qual falamos. De modo semelhante, a dimensão da liberdade em que a consciência do indivíduo liberto se encontra é totalmente diferente da nossa. Nesse sentido, ou você está lá ou não está. Existe uma brincadeira sobre uma mulher estar "um pouco grávida". Uma pessoa que é um pouco egoísta é egoísta. Aquele que se sente um pouco separado está separado. Assim, ou a pessoa é egoísta ou não é. A maneira de Krishnaji expressar seu ponto de vista está no título de um dos seus livros: *A Urgência da Mudança*. Todos nos contentamos com pequenos aperfeiçoamentos e gostamos de avançar lentamente. Até mesmo quando observamos o egoísmo, dizemos: "não sou tão ruim assim; afinal eu mudei um pouco nos últimos 20 anos." Porém isso não é suficiente. Aquele reduzido ponto de egoísmo pode ser exacerbado quando provocado. É por isso que a senda do ocultismo está repleta de fracassos. Os *Upanishads* mencionam "a senda é semelhante ao fio de uma navalha". A Bíblia diz "o caminho é reto e o portal é estreito". Porque enquanto uma minúscula chama de egoísmo permanecer, ela pode exacerbar-se e tornar-se em selvagem labareda. Embora o perigo permaneça, dele não nos conscientizamos.

Procuremos compreender Krishnaji no espírito de suas palavras, vislumbrando a verdade daquilo que ele afirma. Muitas vezes ele disse: "ponha fora todos os seus livros". Mas então por que as suas palestras foram impressas até mesmo enquanto ele estava vivo? Será que ele faz uma exceção em relação aos próprios livros? Não. Ele insistia, de modo enfático, junto às pessoas, para que não se tornassem dependentes dos livros. Não é suficiente repetir, "os *Upanishads* dizem isso, de maneira que deve ser verdadeiro". Não devemos fazer um credo dos livros ou apenas ler cada vez mais livros e adquirir conceitos. É essencial meditar sobre aquilo que é dito, olhar dentro de si, compreender por si mesmo a verdade do que é dito.

Ao falar para alguns professores, Krishnamurti disse que o "eu" não pode ser abolido em um único ato dramático. Conforme é dito em *A Voz do Silêncio*[1], sempre que houver poeira no espelho da mente, ela terá de ser removida. Com relação a tudo, o "eu" deve ser observado, devendo realizar-se a remoção ou negação.

Penso que há verdade em ambas colocações. Através da negação constante, do uso de *viveka*, verifica-se a purificação. Ao ouvir, observar e aprender surgem a clareza e a maturidade na mente. Depois, em determinado ponto, processa-se a passagem da esfera do tempo para o sem-tempo, que representa a mudança dimensional. Isso, contudo, não é um argumento para que prossigamos lentamente. Porém, penso que não se deveria ignorar a necessidade de viver o tipo reto de vida. O próprio Krisnahmurti disse: "sem retidão não há meditação". Se não houver questão alguma envolvendo qualquer outra mudança exceto a principal, então o que importa se você tem ou não uma vida reta? Porém importa muito porque prepara a mente.

Qual é a diferença entre regeneração e transformação?

AV: Penso que podemos passar do ter para o ser e do ser para o não-ser. A única questão é: será que estamos desejosos de abrir mão do nosso ter? Considero que se o fizermos, isso significará transformação. Quando nos aproximarmos do ser, aproximamo-nos da regeneração.

LR: A diferença pode estar oculta nas próprias palavras. A transformação significa que as formas são mudadas. A regenera-

1 Obra apresentada por H.P. Blavatsky. (N.E.)

ção é uma nova criação desde o interior, talvez até mesmo transcendendo à forma. Transformação e regeneração estão interligadas, mas apontam para dois diferentes caminhos de mudança.

RB: Em um sentido amplo, as duas palavras são usadas como sinônimos; todavia uma "transformação completa" não significa que a forma é mudada; ela se refere a uma mudança global. Em um sentido mais literal, conforme dito, transformação significa mudança para uma forma diferente, ao passo que regeneração significa um novo nascimento. Este novo nascimento não é reencarnação, a vinda para um novo corpo. É um novo nascimento interior.

Muitas tradições religiosas mencionam um novo nascimento. Na antiga Índia, a palavra *brāhmana* significava aquele que vive um tipo de vida que conduz à *Brahman*, a Realidade Suprema. *Brāhmana* foi também chamado de "aquele que nasceu duas vezes"; ele tinha que morrer para algo e renascer na consciência. O mundo cristão está familiarizado com a expressão "aquele que perde a sua vida, encontrará a vida eterna". Isso também sugere um novo nascimento. Krishnaji também falou sobre o morrer neste sentido interno.

MD: Na tradição tibetana, com a qual a senhora Blavatsky estava naturalmente bastante familiarizada, temos os dois níveis. Existe o nascimento humano comum, que todos nós evidenciamos quando estamos em algum tipo de corpo humano. Isso não significa necessariamente que temos inteligência humana. Alguém pode, por exemplo, nascer como uma criança mongolóide. Isso é chamado nascimento humano comum. Porém o segundo nascimento, que está além do limiar, onde há uma espécie de fronteira entre o animal e o homem – é o chamado "este precioso nascimento humano". Esse é aquele que "nasceu duas vezes". Dentro de todos nós não há uma alma (os budistas não acreditam em almas), porém um Eu interior que tampouco tem permanência. É o *vajra-sattva*. H.P.B. menciona, em *A Voz do Silêncio*, a alma diamantina (*vajra-sattva*). Isso parece não nos ajudar em nosso trabalho, mas fá-lo-ía se obtivéssemos um vislumbre do que representa e se soubéssemos que tampouco é permanente, sendo apenas um degrau para a compreensão de *Brahman*, o que nos é muito difícil. Talvez uma familiarização com este aspecto interno possa ajudar-nos no sentido da regeneração.

EA: Penso que a regeneração é um processo contínuo. Não é apenas um novo nascimento. A regeneração está se processando continuamente.

WV: A regeneração não pode realmente ser expressa por palavras, embora seja abordada em todas as religiões. A verdadeira regeneração, a transcendência ou o nascer para algo totalmente novo, poderá tornar-se mais clara para os cristãos entre nós se acompanharmos os eventos importantes na vida de Cristo. Então, vemos que momento de experiência suprema temos de atravessar antes que possamos falar sobre regeneração. Existe uma experiência de *satori* no Zen-Budismo relatada da seguinte maneira: "antes de eu chegar ao *satori*, uma árvore era uma árvore, um rio era um rio e uma casa era uma casa. Agora, uma árvore é uma árvore, um rio é um rio e uma casa é uma casa. E, não obstante, tudo é novo." A regeneração aponta para uma experiência com um significado espiritual verdadeiro que é difícil de compreender e explicar em palavras. Esta experiência precisa ser vivida, o que implica uma mudança global do nível antigo para um novo nível do ser, da consciência. De qualquer modo, implica muito sofrimento.

RH: Para mim, a regeneração significa retornar à própria natureza e à essência verdadeira. Nosso corpo, emoções e pensamentos não são o nosso Eu real. Mas quando não mais nos identificamos com eles, quando o pequeno eu, a personalidade, é esquecida, então podemos atingir o nosso Eu real – e esta é a vida universal una em tudo. Quando estivermos conscientemente unos com esta vida universal, quando formos esta vida universal, teremos compreendido nossa verdadeira natureza, que conhecíamos antes de iniciarmos nossa peregrinação. Esta centelha de vida divina no núcleo do nosso ser era integrada à vida Una antes de iniciar sua peregrinação em encarnações. Revestiu-se, então, de um sentimento de separatividade, e o seu destino é o de reconquistar o sentimento de unidade, porém, em uma maneira mais profunda, rica e intensa do que a inicial.

RB: A Natureza não é um grande instrutor? Talvez os processos naturais possam nos ensinar o que vem a ser a regeneração. Antes de morrermos, na acepção comum da palavra, com o correr dos anos adquirimos várias idéias e preconceitos. Desta forma, quando consideramos algo, fazemo-lo com a memória do passado. Vemos a rosa. Como sabemos que é uma rosa? Porque a imagem anterior de rosas está na mente. Somos incapazes de ver a rosa sem as imagens passadas. Nomear implica o peso de todo o passado. O reconhecimento é "re-conhecimento", memória da experiência passada e também de todos os preconceitos passados, gostos, antipatias etc. Após a morte do corpo, há um novo nascimento na acepção comum da palavra. A criança é inocente; ela olha para a borboleta com novos olhos, plena de encantamento. Tudo é novo e tem frescor. Assim, a Natureza ensina-nos o que pode ser um novo nascimento. A regeneração é esta percepção sem os fardos acumulados da mente. E não precisamos esperar até a morte do corpo. Esta, de fato, não é uma regeneração completa, porque a criança nasce com tendências latentes e, muito em breve, torna-se condicionada. Será que pode haver uma nova percepção sem tendências latentes, sem os fardos do passado, vendo com olhos completamente novos? Então tudo poderia expressar a glória que é a marca efetiva da vida. Blake escreveu acerca do mundo em um grão de areia e a eternidade em cada hora. Nossas mentes tornaram-se rígidas, plenas de acúmulos. Se nos conscientizarmos de que acumulamos, e se pararmos de acumular, a mente será mais límpida. Não devemos encarar a regeneração como um objetivo muito distante. Dia-a-dia podemos alijar pensamentos inúteis de nossas mentes e proceder como Jesus, que pôde dizer: "meu jugo é fácil e minha carga é leve".

Somos ensinados a relembrar. A pessoa que tem boa memória é apreciada. Lembramo-nos de nossas palavras e de nossas idéias do passado, dando-lhes grande importância. É muito mais importante dar atenção ao presente. O *Bhagavad Gita*[2] menciona repetidamente a ação sem preocupação pelo resultado da ação. Agir significa falar, sentir, pensar, até mesmo ser. Normalmente damos muito pouca atenção ao momento em que a ação se concretiza, o momento em que surge o pensamento. Podemos analisá-la mais tarde, porém não estamos conscientes da ação presente. Enquanto agimos não sabemos como estamos agindo, porém desejamos que nossa ação traga resultados futuros. A mente afasta-se do "agora", que é o único momento real, para um futuro que é apenas uma projeção da mente. Tanto o passado como o futuro são imagens mentais. O passado não pode existir porque já passou. Existe apenas na mente como memória, imagens, impressões, tendências. O mesmo ocorre com o futuro. Será que pode haver uma ação, uma vida, no presente, que não ocorra através do véu do passado? Desta forma, inicia-se um processo regenerador, a mente torna-se mais clara, mais límpida.

No inverno as árvores perdem as folhas. E, então, em uma bela manhã, desponta a primavera e as árvores têm novas e delicadas folhas. É uma visão extraordinária. É como se repentinamente a mudança tivesse se realizado, porém, na verdade, a árvore estava reunindo seus recursos. Mudanças estavam nela se realizando de forma invisível e, assim, despontou a primavera como um novo florescer. Assim acontece com nossa vida. Há regeneração no sentido de uma mudança total, uma mente nova. Mas para que esta nova mente possa despontar, deveremos permitir que as energias em nosso interior possam ser reunidas, e isto não poderá ocorrer se continuarmos a nela acumular toda espécie de memórias passadas.

Pode-se dizer que 'viveka' é a conseqüência de 'vichara'?

RB: Viveka significa discernimento espiritual, discriminação entre o bem e o mal, o certo e o errado, o real e o irreal. Implica inteligência verdadeira. *Vichara* significa reflexão, mergulhar sob a superfície, compreender a real natureza de tudo, um problema, um relacionamento etc.

2 Conhecido texto filosófico-religioso da tradição indiana. (N.E.)

CB: Penso que a profunda reflexão aproxima-nos mais do verdadeiro discernimento. A reflexão, para a maioria das pessoas, é um movimento do pensamento. Porém, o discernimento real transcende o pensamento. A reflexão profunda é o preparo para o discernimento espiritual que está além dela.

RB: Vichara origina-se da raiz *vi-char*, "mover-se ao redor de algo". Isto significa analisar uma questão de todos os lados, profunda e integralmente.

RH: A verdadeira discriminação surge da visão clara, e ponderação e reflexão não são suficientes. Para vermos claramente, precisamos de profunda atenção e percepção da totalidade do contexto do objeto que estamos examinando em relação ao todo. Se olharmos para o objeto como algo separado, ao invés de fazê-lo em relação à totalidade, podemos não ver claramente a natureza, o significado e a relação do mesmo com o resto do mundo.

EA: Gostaria de saber se alguém entre nós examina profundamente os fatos em todos os ângulos, em um estado mental tranqüilo. Questiono-me se o discernimento não seria um estado de entendimento. Se você olhar para algum problema ou fato integralmente, então você obtém a compreensão, que não significa apenas compreender aquele fato, mas que representa um estado mental e de consciência.

GS: Desenvolvendo a atenção, você vê os objetos de forma mais clara, como um todo. Você terá desenvolvido uma espécie mais profunda de percepção.

RB: A mim parece-me que os dois são parte de uma única vida.

Será necessário qualquer preparo para a percepção correta da verdade?

MD: Penso que a preparação deve ser, essencialmente, purificação e afastar ao "si mesmo" do caminho. Porque "este algo'' (apontando para ela mesma) e ''aquele algo'' (apontando para o teto) não podem misturar-se.

RB: Você pode dizer algo mais sobre a impossibilidade de misturarem-se? Como você afasta ''este'' [''eu''] do caminho?

MD: Penso que apenas pela descoberta de práticas úteis e pelo que parece funcionar no momento. Uma prática útil que descobri é a de tentar sempre lembrar que ''este algo'' é nem mais nem menos importante que ''aquele algo'' e que sempre quando houver alguma depreciação de ''este algo'' (por exemplo, 'Oh, eu sou uma tola!'), procurar lembrar-se que ''este algo'' [eu, si mesmo] não é mais tolo do que qualquer outro. Então, gradativamente, as diferenças podem diminuir e os pontos de contato podem aumentar. Tudo aquilo em que se opera continuamente parece tornar-se exaurido após algum tempo. Precisamos continuar a nos dar pequenos exercícios para nos purificar deste anseio que torna ''este algo'' a coisa mais importante no mundo.

AB: A purificação é essencial, mas necessitamos também de uma personalidade equilibrada, porque sem equilíbrio nada pode ser feito. Equilíbrio significa um desenvolvimento igual do poder pensante, do sentimento e da ação. Você não pode ser unilateral e penetrar na verdade. Você não deveria negligenciar a personalidade. Nada é perdido de tudo aquilo que você desenvolveu em seu interior – pensamento, conhecimento, aprimoramento dos sentimentos, purificação do caráter, ação altruística – tudo isso é essencial. Com uma personalidade mais equilibrada, mais bem desenvolvida, você vive de forma mais feliz e é mais útil ao seu próximo. Então, há muito trabalho a ser feito nos diferentes segmentos de sua personalidade.

RB: Existem muitas instruções sobre o preparo para a correta percepção da verdade, não apenas no nível exterior, mas também na natureza essencial interior. Se aquela natureza essencial não for vista, não haverá percepção da verdade, porque então não teremos uma visão da totalidade do que é.

Muriel respondeu de forma muito simples: "este" deverá ceder lugar ao outro. Porém quais são os aspectos "deste" e como ele se revela? Uma parte da preparação reside evidentemente em vigiar os sintomas. Se não quisermos ajudar quando houver necessidade de ajuda, não será por que não queremos ser incomodados? Pois assim é o "eu", sem disposição para sacrificar seu conforto. O lado positivo pode consistir em um autotreinamento para observar onde a ajuda pode ser necessária, prontificando-se a oferecê-la. A Dra. Besant disse que entre a pessoa que percebe o que precisa ser feito, e diz "deixem uma outra pessoa fazê-lo", e aquela que o faz, existem encarnações de diferença.

Há outros aspectos. Podemos ver em uma vitrine um objeto que não é realmente necessário. Porém desponta um rápido pensamento, um desejo de possuí-lo; pode ser algo novo, pode apresentar-se de forma atraente ou pode ser que o nosso vizinho o possua. Esta reação é quase automática. É avidez, e nós não deveríamos dizer: "é inofensiva; na realidade, ninguém será ferido porque eu sinto um pouco de avidez neste momento", porque assim nós nos negligenciamos. Nosso desejo de conforto, pequenos atos de avidez – todos esses fatores obstruem a mente, impedindo a percepção.

Tudo o que cria maior harmonia, torna mais fácil a percepção. Talvez devamos adotar uma forma de vida em que haja mais harmonia. O que pensamos ser uma falha em alguém, na realidade, pode não constituir falha alguma. E mesmo se o for, por que não pensar com ternura a respeito daquela pessoa e dizer: "esta é sua natureza temporal, a pessoa real nela é pura como o é em todos os demais"? Não devemos dar demasiada importância à falha, sendo demasiado críticos e comentando a respeito com outras pessoas. Devemos olhar para a pessoa com compreensão, como se estivéssemos em seu lugar; ajudá-la internamente, senão de fato externamente. Não somos os guardiães dos nossos irmãos, mas podemos ser amáveis, auxiliando com nossas respostas, pensamentos e bondade.

Estas são pequenas práticas que podem ser úteis. Suponhamos que haja um desejo, uma fraqueza, digamos, por doces. Será que podemos nos abster deste apego específico de maneira tranqüila, sem lutas? Deixemos de comer doces por alguns meses. Há alguns dias sugeri algo diferente. As pessoas que ouviram Krihsnaji falar saberão que ele jamais referiu-se a si mesmo. Nós dizemos: "eu estou com fome, eu estou cansado, eu quero algo" etc. Dizemos tantas coisas sobre nós mesmos. Não estamos criando qualquer malefício, mas será que poderemos tentar abster-nos desse procedimento? Dele não temos consciência. Será que podemos tornar-nos conscientes?

Surge todo tipo de trivialidade, expressões do ego, que obscurecem a percepção. A mente esquiva-se conosco. Ela tem sido comparada a um macaco, a um cavalo selvagem etc. Há o hábito da preocupação. A preocupação costuma ser quanto a objetos totalmente inúteis. O trem está atrasado. Você está sempre olhando o relógio, caminhando em vaivém. Nada disto fará com que o trem chegue mais cedo. Será que ficamos agitados por não prestarmos atenção? O pensamento tem o hábito de criar agitação por nada.

Uma maneira é a da reflexão sobre temas superiores, elevando-se a mente até um nível nobre. Livros podem auxiliar. Não devemos apegar-nos a eles, porém devemos ler uma pequena passagem e reservar alguns intervalos para ponderar e ver por nós mesmos. Assim, um estudo pode ajudar-nos a elevar a mente de questões pessoais e triviais para temas de importância universal. A comunhão silenciosa com a Natureza também pode ajudar na purificação da mente.

Não faltam instruções: *Luz no Caminho, Aos Pés do Mestre*, a "Escada de Ouro" – todas essas são bem conhecidas, mas há muitas variações dessas instruções. Elas parecem demasiado familiares e, assim, não vislumbramos a necessidade de aplicá-las ou de descobrir-lhes as implicações. Consideremos, por exemplo, a "mente aberta". É uma mente que está aberta não apenas a outras idéias, porém aberta de uma forma mais sensível. É difícil até mesmo ser aberto a idéias, porque não temos o hábito de ouvir aquilo que a outra pessoa realmente está tentando dizer, ou em palavras ou através de um livro. Se as idéias são algo diferentes das nossas, reagimos. Podemos logo dizer: "é inútil, é bobagem". Será que podemos ser de fato abertos, sem conclusões prévias e preconceitos? Bradlaugh ensinou à Dra. Besant que lesse tudo que fosse contrário aos seus próprios pensamentos para ver se havia alguma falha em suas idéias, algo que ela não havia percebido. Não devemos ter medo daquilo que discorda do nosso modo de pensar. A maioria de nós, inclusive, tem medo, rejeitando imediatamente idéias que não se coadunam com as nossas. Mesmo se uma idéia não for válida, poderá haver algum fundamento nela que ajudará a ampliar nossa compreensão.

Além disso, podemos nós estar abertos para aquilo que é dito nas entrelinhas, para a verdade subjacente? A mente aberta é receptiva e sensível. Está sempre aprendendo. Não existe uma mente aberta quando há idéias já prontas, preconceitos e desejos. Ela está pronta a reexaminar.

Assim, precisamos mergulhar nas implicações dos ensinamentos, até mesmo de uma simples frase como "a mente aberta", pondo-os em prática. Isto faz parte da preparação. Preparação significa uma forma de vida que torna a consciência mais clara. Nós vemos de acordo com as emoções e os preconceitos que estão em nosso íntimo. Se estou orgulhoso, e alguém não me dá importância ou atenção, sinto-me ofendido. Mas como menciona o *Bhagavad Gita*: "não há honra ou desonra." Tudo está dentro de nós. A pessoa pode se sentir honrada ou desonrada, dependendo da imagem que possui de si mesma.

Vislumbramos o mundo através daquilo que existe em nós. Se não removermos pontos obscuros, não haverá clareza. A consciência, portanto, terá de tornar-se mais clara, mais alerta e sensível – tudo isto acompanha a percepção da verdade. Deverá tornar-se capaz de ver o que é sutil, não apenas o que é óbvio. Será que podemos captar as nuanças de um ensinamento ou instrução? Se compreendermos que isto é necessário, então preparamos a consciência para refletir a verdade. A tranqüilidade também é necessária; apenas na mente tranqüila pode haver clareza. Se houver distração, agitação, reações abruptas, não poderá haver clareza. É como as águas de um lago: deverão ser puras e tranqüilas para que possam refletir.

Como pode alguém simultaneamente perceber a si mesmo e esquecer-se de si?

CB-W: Quando alguém percebe a si mesmo, talvez não possa esquecer-se de si.

CB: Se porventura pudermos ver a nós mesmos e a tudo o que fazemos como parte do jogo da vida, enquanto exemplo de como a vida se expressa, então veremos que a nossa presença aqui não é destituída de importância. O que vemos é algo que está ocorrendo no Universo, dele fazendo parte.

GH: Se pudéssemos talvez nos perceber da mesma maneira como percebemos tudo o mais neste mundo, não haveria divisão e necessidade especial alguma para esquecermos a nós mesmos.

RB: Pergunto-me sobre o que queremos dizer por "nós mesmos". Como pode *alguém* perceber a *si* mesmo e esquecer-*se*? Quem é aquele que percebe, aquele a ser percebido e aquele a ser esquecido? Talvez tenhamos de examinar toda a questão ao invés de aqui respondê-la.

Este questionamento terá de ser experimental e talvez precise ser realizado de tempos em tempos. Perguntas como "de que forma podemos prestar atenção em todas as ocasiões?" surgem com freqüência. Se você começar com a idéia de que precisa prestar atenção em todas as ocasiões, então não será atenção, mas uma forma de ambição que prejudica a possibilidade da atenção. Assim, para começar, observamos de tempos em tempos.

Como pode haver observação de si mesmo? Não conhecemos nem mesmo a existência deste "eu", a menos que algo aconteça, por exemplo, quando desponta um pensamento e eu digo "este é meu pensamento". Surge uma reação e eu digo "esta é minha reação". O corpo vai a algum lugar, porém existe um impulso a direcioná-lo. Então, digo "eu estou indo".

Se observarmos cuidadosamente, questionar-nos-emos quanto ao que é o "eu mesmo". Há uma parte que diz "eu vou para o outro quarto", e outra que diz: "o corpo está indo para lá". A maioria de nós, às vezes, compreende que "o corpo não sou eu". Pode-se então pôr de lado a idéia de o corpo ser a própria pessoa, ao menos teoricamente. Compreendemos que a fome e a dor pertencem ao corpo. Percebemos ainda que há emoções e pensamentos, mas esses flutuam. Um dia há exaltação, outro dia há rejeição. Qual dos dois aspectos representa eu mesmo – ou seria o próprio "eu mesmo" algo flutuante? Talvez obtenhamos uma sensação de que essa condição psicológica cambiante não é o eu. Então, o que é o eu que se está observando? Se a pessoa continuar a observar tranqüilamente, poderá ver que o "eu", na verdade, nada representa.

Afinal o que é "eu mesmo?" É uma espécie de entidade inexistente, mas nos acostumamos a pensar que ela, na realidade, existe. Imaginamos que há o "eu mesmo", a partir do qual se originam as flutuações e as distrações e ao qual pertencem o conhecimento e o desfrute. Porém, quanto mais você procurar, tanto menos você encontrará. As palavras estão erradas, mas não existe outra forma de comunicação. Quando se diz "quanto mais você procurar", quem é o "você" que procura? Assim, quanto mais procura houver, tanto menos haverá para encontrar, tornando-se assim claro que nada ali realmente existe. Este é o eu que foi esquecido, pois aquilo que imaginávamos ser o "eu mesmo", o centro, revelou-se como inexistente.

Talvez isso soe um tanto metafísico; todavia poderá ser simples e prático, na vida diária, olhar e ver o eu em ação. Podemos apenas vê-lo quando se move; se houver até mesmo alguns poucos momentos em que a mente permanece imóvel, e se houver calmaria absoluta, não haverá um eu a ser visto. O "eu" é visto como existente apenas em relação ao "outro". Digo: "eu gosto da rosa"; quero dizer que estou observando a rosa, tornando-me consciente de mim mesmo e da rosa. Isto também sucede em relação às imagens na mente. Observamos tudo e compreendemos que a partir de um centro interno realizam-se movimentos de luta, de cobiça, de preferências etc. A reflexão mostra que grande parte disso é fútil, desnecessário e prejudicial, e, então, a mente acalma-se.

Se estivermos olhando ou ouvindo atentamente no momento da atenção, não há "eu". Quando há um profundo sentimento de beleza, um real sentido de amor – não aquilo a que geralmente chamamos de amor – o eu não existe, ele é "esquecido". O perceber e o esquecer podem não realizar-se sempre, simultaneamente. À medida que nos movimentamos, às vezes podemos estar percebendo e, aos poucos, eliminando o eu, e às vezes podemos estar observando e ouvindo tranqüilamente, sendo que há momentos nos quais não estamos tão conscientes de nós mesmos e há paz. Porém, perceber o eu como nada – sua existência ocorreu apenas em imaginação – que não é exatamente esquecê-lo, consiste de fato em transcendê-lo. Nenhum de nós o fez e assim não há alguém que possa oferecer realmente uma boa resposta.

Por que ocorre que não podemos – ou não querermos – dar o último passo, permitindo que se desenrole?

WE: Precisamos, antes de mais nada, dar o primeiro passo, a cada dia, a cada minuto. Pode surgir um momento em que poderemos dizer: há também um último passo. Eu não sei. Para nós, dar o primeiro passo agora é importante.

RB: Nós deveríamos começar com o primeiro passo, não com o último. Se nos imaginarmos dando o último passo, parecerá algo grandioso. Nós nos imaginamos como heróis que realizam algo extraordinário. Por que não começamos a abandonar tudo a que estamos apegados? Isto não significa que deveríamos alijar-nos de nossas posses, ou algo parecido.

O *Yoga-Vasistha* é um texto antigo que aborda profundas verdades, ainda que grande parte dele seja apresentada na forma de estórias. A Seção indiana lançou uma edição especial de sua revista com alguns dos ensinamentos encontrados no livro. Ali é relatado que determinado rei procurou o caminho para a libertação. Meditou durante longos períodos, mas nada aconteceu. Então, abriu mão de suas vastas posses e foi para a floresta. Lá tornou a meditar durante anos, e nada aconteceu. Abandonou, após, os poucos objetos permitidos aos eremitas. Ainda assim nada aconteceu. Finalmente, um *brahmin* sagrado apareceu à sua frente, e o rei compreendeu que estava apegado à idéia da libertação. Somente desta forma se libertou. Retornou ao seu reinado e viveu feliz.

Essa estória ensina-nos que o desapegar-se não é uma questão apenas de abrir mão de objetos materiais. A aquisição pode ser um sintoma de apego; todavia o principal é ver a atitude da mente. Será que ela está presa internamente? Se o abrir mão é doloroso, significa que há apego. Podemos estar apegados a idéias, à nossa imagem e assim por diante. Precisamos descobrir como e a que estamos apegados, e qual a natureza desse apego.

Por que nos prendemos a objetos que sabemos serem temporais? Com um golpe a morte retira tudo de nós e nos diz que é isto que terá de acontecer. Porém não aprendemos a nos desapegar, a preparar-nos para a morte conforme a orientação de Sócrates e outros. Não podemos nos apegar a nada. Em um de seus livros, C.W. Leadbeater diz que se há um único fato sobre o qual todas as pessoas podem estar certas na vida, este fato é a morte. A nossa morte, e a de todas as demais pessoas, é certa, mas nos comportamos como se fosse o acontecimento mais inesperado e infeliz. Por que não vemos que precisamos partir a cada momento, aprendendo a fazê-lo de forma sábia e alegre? Se começarmos a nos desapegar, tornando-nos cada vez menos presos, então o último passo poderá advir.

Quando falamos sobre uma mudança fundamental, estaríamos nos referindo a uma mudança imediata e total ou a um processo?

RB: Nenhum de nós pode dar uma resposta autoritária a respeito desse ou de qualquer outro ponto similar. Exploremos o tema. Existem muitas mudanças diferentes que culminam em uma mudança fundamental? Haverá um processo no sentido de que sempre que o eu se auto-expressa, nós estamos dele conscientes? Para usarmos a ilustração da obra *A Voz do Silêncio*: sempre que cai poeira no espelho, ela é retirada. Quando não há poeira alguma, pode surgir um tipo de mudança totalmente diferente. Talvez haja mudanças dimensionais, como o salto da consciência animal para a autoconsciência do homem. Pode haver uma mudança fundamental semelhante que conduza o ser humano para uma esfera bastante diferente. Pode não haver uma contradição, porque tanto a mudança dimensional como também o processo que é constituído de muitas pequenas mudanças podem ser parte do esquema global.

CB: Conforme vejo a situação, o que acontece em um processo e em uma mudança maior é algo de natureza idêntica. Vemos algo, passamos a eliminá-lo e a abrir caminho para algo que vem do interior. Isto pode ocorrer continuamente em pequenos aspectos ou pode se dar de uma maneira muito mais espetacular ou maior. O que sucede no processo é que repentinamente tornamo-nos conscientes do que estamos fazendo, de como somos. Isto em si constitui uma mudança que surge do interior, pois algo é eliminado. Se é algo pequeno, que surge de tempos em tempos, chamamo-lo um processo; se surge muito de repente, e em uma extensão muito ampla, podemos chamá-lo grande mudança.

RB: Há outro elemento. Mesmo se uma grande mudança for vivenciada por determinado período de tempo, poderá não ser uma mudança total se a consciência retornar à sua condição anterior. Um número bastante grande de pessoas, vez por outra, ou ao menos uma vez na vida, vivencia um estado de consciência alterado. Eles abandonam a consciência normal e todo o mundo parece-lhes diferente, repleto de amor e de luz. Porém isto não permanece assim; a consciência retorna ao mundo de monotonia. Wordsworth e outros poetas escreveram a respeito disso. A mudança total não é reversível; é uma nova percepção de toda a natureza da vida e de sua unidade. Existe uma diferença qualitativa que não mais pode ser obscurecida.

MH: Quando aquela mudança global se realizar, talvez a pessoa passe a ser um *Mahatma*, tendo atingido perfeição.

RB: É importante compreender que, em potencial, todos são um *Mahatma*. *Mahatma* literalmente significa "grande espírito". Um *Mahatma* não tem uma mente limitada, mas uma consciência ilimitada. A porta para a liberdade está aberta para todas as pessoas; na realidade para todos os seres. É por isso que os budistas dizem que "a natureza de Buda está em tudo", que é também a perspectiva teosófica. A perfeição não é reservada a algumas pessoas privilegiadas; todos a alcançarão. Se encararmos a mudança fundamental como um fato muito distante, haverá o perigo de afastá-la de nossas mentes.

EA: Há um outro aspecto que não deveríamos deixar de considerar. Além, ou talvez paralela à transformação espiritual, deve concretizar-se uma transformação física ou de alguma outra natureza. Podemos vê-la na vida de Krishnamurti. Pode também ser encontrada nas escrituras. Deve haver uma transformação do corpo físico, talvez de todos os corpos – se nos pautarmos pelas idéias teosóficas – de maneira que a transformação espiritual possa ser estabilizada e a energia possa fluir livremente neste mundo. Não sei se se trata de um processo, mas gostaria de destacar esse ponto.

RB: Do ponto de vista da ciência, a função altera a forma, o organismo. Se a consciência funciona de uma maneira diferente, haverá transformação no nível físico e em outros níveis. A transformação pode não significar que obtenhamos três olhos ou quatro ouvidos, porém as vibrações do corpo físico, sua sensibilidade, sua capacidade de responder à consciência, a capacidade cerebral, tudo isso pode mudar. Vemos as pessoas mudarem como resultado da vida que levam. Quando uma pessoa é jovem ela é atraente, de aparência inocente; todavia, à medida que envelhece pode dar uma impressão mais amadurecida e menos atraente. O oposto pode também acontecer. Uma pessoa jovem bastante comum mais tarde mostrará luz e graça no semblante. Há pessoas que se tornam belas na idade avançada em virtude da vida que viveram. Porque o interior deixa impressões no corpo, um *Mahatma* é belo.

Por que as mudanças fundamentais processam-se apenas em algumas pessoas e não em todas?

CB-W: Também poderíamos perguntar-nos porque algumas pessoas sofrem e outras não.

GW: Isto pode estar relacionado com o estágio de evolução alcançado por uma pessoa. Algumas não atingiram o estágio para uma mudança fundamental e precisam passar por mais experiências e sofrimentos para obterem uma compreensão das causas.

AH: Geoffrey Farthing certa vez disse em uma palestra: imaginem que eu tenha aqui um estojo contendo o Nirvana e, se vocês realmente desejarem, podem levá-lo. Vocês realmente querem o Nirvana agora? Realmente queremos abrir mão de todos aqueles pequenos objetos que sabemos serem destituídos de importância e que não podem ter lugar na mente regenerada, mas aos quais ainda nos apegamos? Será que realmente desejamos abrir mão de nossas pequenas avarezas, de nossos pequenos atos de egoísmo? Talvez algumas pessoas estejam de fato famintas pela libertação, porém isto não sucede com a maioria.

MD: As respostas às duas questões afiguram-se como sendo perfeitamente opostas. "Por que somos infelizes neste mundo?" deve ter como resposta "porque eu sou uma personalidade e sofro pelo meu próprio *karma*". Somente quando a personalidade estiver desocupada, vazia, fornecendo espaço para o que *é*, então a verdadeira mudança poderá realizar-se.

CB: Se estivermos contentes com nossos padrões de pensamento, e se não sentirmos que há algo a transcendê-los, estaremos longe de uma mudança fundamental, pois ela está além dos limites dos padrões de pensamento. Se aumentarmos os padrões de pensamento através da tentativa de aperfeiçoá-los, isso tornará a mudança mais difícil. Precisamos atingir um ponto em que percebemos algo além de todo o pensamento.

RH: A mudança fundamental é do egoísmo para o altruísmo, o amadurecimento da alma humana e a percepção de que a felicidade não pode ser encontrada quando é perseguida, e que a pessoa se desenvolve ao procurar a felicidade e o bem para todos os seres, humanos e não-humanos. Quando se começa a viver pela felicidade de outras pessoas, o pequeno eu ainda retorna. Ele é abandonado aos poucos, e, depois de algum tempo, não se aventura a mostrar-se novamente.

RB: Em um interessante livro sobre animais, o autor tenta responder a questão: "o que é um animal?" Esta é uma questão difícil, porque a fronteira entre um reino e outro nem sempre é clara. Existem animais tão primitivos que são como plantas, e mesmo assim eles têm alguns aspectos que permitem que sejam chamados de animais. Quando consideramos a fronteira entre o animal e o homem, há um problema exclusivo para essa indagação. O processo evolutivo tem se desenvolvido através dos milênios, do mineral à planta, ao animal, ao ser humano, esse último acompanhado pelo despertar da consciência. Um poeta sufi referiu-se a isso dizendo que a vida dorme no mineral, move-se na planta, sonha no animal e desperta no ser humano. Durante longas eras, tanto a evolução física como o despertar da consciência realizam-se por si mesmos; a força evolutiva compele-os. Minerais, plantas e animais nada precisam realizar para produzirem mudanças. Eles naturalmente mudam de forma muito lenta. A cor de um animal pode mudar apenas depois de um milênio.

Todos os animais e aves ensinam seus filhotes a fazerem determinadas coisas. A águia constrói seu ninho em pequenos abrigos em altos rochedos e ensina seus filhotes a abandonarem o ninho quando chegar a hora. Os filhotes não querem tentar, porém os pais demonstram, empurrando-os para que finalmente alcem vôo. Se os pais o fizessem cedo demais, os filhotes cairiam. Como eles sabem o momento certo em que devem dar-lhes o impulso? Obviamente, existe um conhecimento neles que se auto-expressa. Eles não tentam consegui-lo lendo livros sobre como criar seus filhotes. Não há teoria educacional neste nível e, mesmo assim, há educação. A evolução por fim move todos os seres até o estágio humano, o que significa antes de mais nada um corpo humano, porém não implica necessariamente uma verdadeira consciência humana. A fronteira é ainda muito vaga e há muito do animal no ser humano. Ele está fortemente condicionado (H.P.B. o chamou de "homem animal") à auto-preservação, ao domínio do grupo e assim por diante. Este condicionamento faz parte do cérebro humano que evoluiu através dos milênios até seu estado presente.

Porém existe uma diferença grande, clara e nítida entre o ser humano e o animal: consiste na potencialidade para a auto-percepção. H.P.B. diz que o homem é o único agente livre na Natureza. Ele pode julgar entre o certo e o errado. Para os seres humanos torna-se necessário pensar sobre o que vem a ser o progresso, porque somos conscientes de nós mesmos.

As pessoas têm idéias variadas acerca do progresso, baseadas no condicionamento do cérebro animal. Assim, o progresso é considerado como significando a subjugação de outras pessoas, assegurando a própria segurança, adquirindo tudo que é possível etc. É um impulso atávico no qual o cérebro do homem incluiu outros significados além dos previstos na Natureza. A partir desse ponto de vista, a humanidade não avançou muito; ainda está próxima da fronteira do reino animal, e os impulsos animais são fortes. A verdadeira capacidade humana para usar liberdade com maturidade e inteligência ainda não se desenvolveu muito; todavia o processo evolucionário está atuando para fazer com que o ser humano exercite sua herança. A natureza incumbe-se desse processo de maneira extraordinária, através do *karma.* O homem vivencia decepções, dores e tudo o mais, encarnações após encarnações, e compreende que há algo errado naquilo que ele está tentando fazer ou atingir. Ele começa a compreender que dominar os outros não traz realização, que obter dinheiro não torna a pessoa feliz. Uma pessoa busca dinheiro vida após vida. Em uma vida morre criança, em outra ainda a pessoa perde sua reputação, em uma terceira, a esposa o deserta – toda a sorte de acontecimentos ocorrem, e ele pergunta a si mesmo: "qual é o valor desse dinheiro? Ele não me traz a felicidade de que eu necessito". Depois, ele começa a questionar: "o que é a verdadeira felicidade?" Assim, a força evolutiva impulsiona-o até que ele começa a usar adequadamente a liberdade, que é o seu direito inato, não a liberdade física, porém a liberdade de tornar-se consciente e atuar de acordo com essa consciência. Tal liberdade é inseparável da inteligência.

Nós acreditamos ter liberdade, mas isso é ilusório. Somente quando começamos a usar nossos poderes de percepção e inteligência para compreender o que significa a vida, quando vislumbramos o progresso real, então a mudança começa a realizar-se. E quanto mais aprendemos a usar nossa capacidade de percepção, tanto mais rapidamente a mudança se realiza. Presumivelmente, em certa extensão, todos somos conscientes de que alguma mudança fundamental precisa realizar-se, porém não estamos conscientes de uma forma muito profunda. Não estamos muito dispostos a exercer a percepção ou a inteligência quando algo nos oferece vantagem imediata, quando o antigo hábito da autopreservação ou da sexualidade impulsiona a mente a um comportamento não-inteligente e descontrolado. Mas, quando realmente começamos a agir como agentes livres, precisamos olhar para o significado e para as implicações de nossos atos e atitudes. Os seres humanos não se encontram sob um regime compulsivo para atravessarem todas as experiências a fim de compreendê-las. Podemos observar outras pessoas e aprender rapidamente.

Sabemos que o egoísmo precisa terminar, porém somos incapazes de nos manter interessados nessa questão. Somos capazes de dizer: eu sou assim, nada posso fazer, a natureza humana parece ser egoísta, os seres humanos não podem mudar, e a guerra é inevitável. Ouvimos isso com freqüência. Significa que ainda somos muito condicionados por reflexos animais, porém somos humanos o suficiente para racionalizar e justificar; mas quando realmente aplicamos nossa inteligência, então inicia a mudança. Nas poucas pessoas em quem se realizou mudança fundamental, a natureza animal não está operante. Elas avançaram à nossa frente porque nelas a consciência humana está plenamente desperta e elas estão de fato libertas. Embora a grande parte da humanidade ainda esteja demasiado condicionada, a possibilidade da mudança global está diante de cada um de nós. Se apenas pudéssemos nos aplicar e devotar nossa energia a questões básicas, poderíamos iniciar a mudança, não deixando o assunto em suspenso pelos próximos três ou quatro anos até que possamos participar de outro seminário. No ensinamento da Yoga, no *Bhagavad Gita* e em outras orientações, é dito que há dois pontos necessários ao progresso espiritual: despertar, isto é, empregar o discernimento e a inteligência, e ser perseverante.

RH: Não deveríamos nos desesperar se apenas tão poucos são capazes de realizar essa mudança fundamental. Deveríamos ter esperança e acreditar, na base da indução lógica, que quando houver um número suficiente de pessoas inteligentes à frente da civilização, as quais sejam altruístas e exemplares, outras pessoas acompanharão o novo caminho, porque o altruísmo e a generosidade são qualidade radiantes.

3

Regeneração e os Objetivos da Sociedade Teosófica

Onde começa a fraternidade e onde ela termina, se é que termina?

AV: Ela sempre existiu e sempre existirá.

RB: Diz-se que a fraternidade é um fato da Natureza. Nesse sentido ela sempre existiu e sempre permanecerá. Mas se estamos falando sobre a realização da fraternidade pelos seres humanos, então trata-se de uma questão diferente.

JA: Será que a fraternidade poderá ter um fim? Como reagimos diante de pessoas que não compartilham de nossas opiniões? Será que a fraternidade deveria terminar com relação a prisioneiros, ou no campo de batalha? Será que realmente a praticamos em nosso dia-a-dia?

CB: Olhando para esta questão a partir de um ponto de vista prático, para a maioria das pessoas a fraternidade começa na família. Em uma boa família, todos têm seu valor, todos os membros são iguais, todos têm o direito a desenvolver qualidades próprias, e isso é aceito como algo natural. Para algumas pessoas esse tipo de fraternidade termina com a família. Para outras, ela estende-se um pouco além, para outros parentes, por exemplo. Outras pessoas, ainda, conseguem estender o sentimento a círculos muito amplos.

RB: Talvez tanto o egoísmo como a fraternidade tenham se originado quando o Uno expressou-se como dois, o positivo e o negativo. O egoísmo e a autopreservação constituem parte natural da vida biológica. No estágio humano são transferidos para um nível psicológico. O instinto de autopreservação é o lado da escuridão, mas a escuridão não pode existir sem a luz. Até mesmo nas criaturas simples há fraternidade. Se um corvo for atacado, outros corvos virão para afastar o inimigo, distraindo-lhes a atenção e salvando aquele que foi atacado. Sabe-se que os elefantes socorrem-se reciprocamente. As baleias têm um grande senso de fraternidade; passam a ser vítimas da crueldade humana porque, se uma baleia é ferida, outras correm para o local para ajudar e todas são mortas. Assim parece que esse instinto é também primordial. Ambas as correntes coexistem. Em última análise, deverá haver a transcendência da escuridão.

A partir de um ponto de vista prático: será que a fraternidade não começa com realizações simples? Sendo apenas amável, começando a pensar em termos de uma outra pessoa ao invés de apenas pensarmos em nós mesmos. Nós gostamos de divertir-nos, porém outra pessoa precisa estar trabalhando. Será que estamos preparados para sacrificar um pouco do nosso divertimento para ajudar a pessoa que está trabalhando? A fraternidade começa assim. Porém, mesmo quando somos fraternos e amáveis no sentido comum da palavra, ainda assim não é eliminada a sensação de diferença em relação a outras pessoas – permanecemos em um mundo de dualidade. Assim, precisamos continuar praticando a fraternidade até que desapareça a tendência da mente de visualizar sempre em termos de dualidade. Até mesmo a palavra "fraternidade" sugere que existe um irmão e "eu mesmo". C.W. Leadbeater diz que na consciência búdica há a experiência de sermos um com tudo o mais. Mas existe um estágio além, onde não há um "eu" para unir-se aos demais. Tudo é percebido como sendo o um. Quando se produz essa unidade, talvez possamos dizer que termina a fraternidade.

Será que, no passado, o terceiro objetivo referiu-se ao estudo dos siddhis e aos fenômenos? Ou será que jamais foi destinado a ter esse caráter? Como podemos abordar o terceiro objetivo de forma diferente?

RH: O estudo de teosofia mostra que os poderes latentes no homem não são apenas os poderes nos mundos inferiores – físico, astral e mental – mas também os poderes nos estados mais elevados da consciência, expressando-se em nossa vida diária, em nossa consciência nos vários planos. Os poderes espirituais do homem, que surgem na consciência unitária, são os mais fortes. São os poderes principais a serem usados porque são totalmente benéficos e jamais egoístas.

RB: Estamos tão acostumados a utilizar o poder como meio de exercermos nossa vontade, dominando o ambiente ou nossos próximos. O poder é usado para obtermos o que queremos. As pessoas procuram os *siddhis* a fim de que obtenham maior controle sobre circunstâncias ou pessoas. Nos livros sobre magia negra são prescritos métodos de desenvolvimento de poderes para a consecução de vários objetivos. O quarto *Veda* inclui mantras para o controle de outras pessoas. Esse conceito de poder é unilateral e distorcido. Toda a faculdade constitui um poder. Analisemos a faculdade da visão, que nos possibilita visões maravilhosas ao nosso redor – árvores magníficas, as qualidades nos outros seres humanos e muito mais. Onde estaríamos se não pudéssemos ver? Essas faculdades, uma vez desenvolvidas, representam uma expansão da percepção. Quando vemos a árvore, isto é percepção. Se percebemos a beleza e a dignidade da árvore, a faculdade da percepção expandiu-se e há maior poder. O desenvolvimento de nossas percepções interiores constitui poder em um sentido diferente da palavra. À medida que a consciência se desenvolve e desabrocha, ela se torna mais plenamente consciente da beleza, alegria, paz, enfim da natureza essencial da vida. Assim, como menciona Riki, os poderes latentes no ser humano são poderes espirituais. Não há diferença entre a percepção da beleza e do amor e amar realmente e ter beleza interior. Pensar sobre o amor não é amor, mas se o amor for uma forma de percepção, então não haverá lacuna entre a consciência e aquilo que ela percebe. Assim, os poderes latentes no homem ampliam-se apenas com o desabrochar da consciência, que significa o desenvolvimento da percepção. A percepção é a natureza essencial da consciência; significa conhecer. Conhecer inclui saber todos os aspectos de valor absoluto, como beleza, verdade e bem-aventurança.

Na sua obra 'Ocultismo Prático', H.P.B. escreve a respeito de algumas idéia básicas de teosofia. O segundo artigo é sobre "Ocultismo e as Artes Ocultas". As artes ocultas, às vezes, são confundidas com teosofia. Poderíamos analisar este problema?

RB: As artes ocultas estão sobretudo relacionadas com os *siddhis*. Os livros hindus os classificaram, pois os povos da Índia, Tibete e algumas das nações orientais apreciam muito as classificações. Os *siddhis* incluem a habilidade de se tornar muito pequeno ou grande, muito leve ou pesado, de obter controle sobre outras pessoas, clarividência etc. A palavra *siddhi* significa basicamente: perfeição, dom, feito. Se você usa o plural, *siddhis*, significará todas essas habilidades reunidas. Pode também ser usado no singular para indicar consecução, consecução da perfeição. Um *Siddha* é um homem perfeito; será então um sinônimo de *Mahatma* ou *Mukta*, um homem liberto. Assim, a palavra *siddhi* refere-se à realização espiritual. Agora retornemos ao ocultismo e às artes ocultas.

RH: Ocultismo é o conhecimento de tudo aquilo que não é perceptível aos sentidos físicos convencionais. É a percepção das realidades de um mundo mais sutil que o físico. Quanto às artes ocultas, você precisa considerar cada arte separadamente.

EA: Talvez seja a diferença entre a ação egocêntrica e a ação que não é egocêntrica.

IH: O ocultismo é a ciência do lado oculto da Natureza. O que percebemos na realidade constitui uma fração ínfima da totalidade da Natureza; assim, trilhar o caminho oculto é buscar a realidade subjacente à forma ou às formas superficiais que nossos sentidos e nossa mente cotidiana são capazes de perceber. A definição mais simples do ocultismo é: a ciência do lado oculto da Natureza.

Com relação às artes ocultas, gostaria de apontar o ensaio de H.P.B. sobre ocultismo e artes ocultas. O termo "artes ocultas" é geralmente aplicado para o uso ou o abuso de poder para fins egoísticos. Não significa que precisem ser usadas dessa maneira, mas é assim que a palavra "ocultismo" no Ocidente revestiu-se de um significado pejorativo. Tem uma característica negativa, uma conotação má. O ocultismo é, não raro, confundido com as artes ocultas. Não é bom nem mau; é a ciência do invisível. Da mesma maneira como ocorre com o estudo do lado visível da Natureza como, por exemplo, a Química, uma vez que você tenha descoberto os elementos de um agente químico, você poderá usá-lo para envenenar as pessoas ou curá-las. O ocultismo é neutro; é a ciência do lado oculto. O que você faz com os resultados do seu estudo pode ser bom ou mau. Pode ser útil ou prejudicial à humanidade.

RB: Será que você poderia explicar por que H.P.B. empregou a frase "a grande renúncia do eu" em relação a esse assunto?

IH: Eu posso dizer algo a esse respeito por causa da forma na qual a palavra "eu" é escrita. Você tem "eu" escrito em letras minúsculas, você tem "Eu" escrito com E maiúsculo e você tem "EU" escrito com todas as letras maiúsculas. Qual é o eu a que se precisa renunciar? No começo da Senda, na qual a maioria de nós se encontra, precisamos renunciar ao eu. Em um estágio posterior da Senda, precisamos renunciar até mesmo àquilo que chamamos o "Eu" maior, porque precisamos perder todo o sentido de separatividade em todos os níveis. Então terá de haver uma renúncia também disso; do contrário apegar-nos-emos ao pensamento de que quando o Universo se contrair e desaparecer, no fim dos tempos ou no fim do seu ciclo, em alguma parte haverá uma pequena centelha de luz que é o "Eu". Enquanto essa idéia permanecer, estaremos cometendo um terrível engano. Trata-se apenas de uma construção temporária. Poderá perdurar por muitos milênios, porém, no fim, também terá de desaparecer.

RB: Existe uma série de questões sobre os Mestres. Abordaremos todas em conjunto.

No trabalho exterior da S.T. raramente mencionam-se os Mestres e, caso sejam abordados, isso costuma ser feito através da tradição de testemunho e devoção, característica de Leadbeater e Hodson. Esta abordagem ainda é relevante? Deveríamos encontrar uma nova maneira para apresentar os Mestres e o seu trabalho na S.T.? Deveríamos encarar os Mestres como fontes de energia ou como seres humanos físicos?

RB: Há uma declaração de H.P.B. (que vocês podem encontrar na obra *Collected Writings*), no sentido de que aqueles que dizem querer ver os Mestres não sabem ao que estão se referindo. E ela ainda comenta que, se é o corpo do Mestre que as pessoas querem ver, o que pedem não passa de mera casca ou máscara. Até mesmo nossos corpos são parte da personalidade que em si constitui uma máscara. Quando vemos os aspectos físicos das outras pessoas, não vemos o ser interior real. Não sabemos como é uma pessoa apenas por conhecer a sua aparência. Isso é ainda mais verdadeiro com relação aos Mestres. H.P.B. menciona que o Mestre é essencialmente seus princípios mais elevados. Sua consciência está em toda a parte, ilimitada pelo espaço. Se vemos somente as formas físicas, não encontramos o Mestre verdadeiro. Podemos ver uma forma dignificada, porém o essencial seria perdido. É como ver uma flor e não responder à sua beleza, enxergando apenas algo material. Não terá qualquer significado especial.

É verdade que no trabalho exterior da S.T. os Mestres são muito pouco mencionados. A crença nos Mestres não constitui condição para a filiação à S.T.. Os Mestres não são oficialmente proclamados pela Sociedade. O único ponto que a Sociedade de fato representa são seus objetivos.

É importante compreender que o estado de consciência, o ser interior que é o Mestre verdadeiro, é profundamente sagrado. Quando sentimos a sacralidade, não podemos abordá-la, falar muito a seu respeito. Se uma pessoa registra determinado grau de santidade na relação com quem quer que seja, a esposa, o marido ou outra pessoa, ela não gostará de exibir esse seu sentimento e contar para todo o mundo sobre o que sente. Mesmo naquele nível, não seria correto. Porém o Mestre é muito sagrado, e a seu respeito não se deve falar, tampouco deve-se divulgá-lo. Pode-se falar, em termos gerais, sobre o processo evolutivo que não pára no estágio do homem como o conhecemos hoje. Existe a futura possibilidade de se tornar um homem liberto. Determinadas pessoas estão à nossa frente – seus exemplos podem ser encontrados em determinadas figuras históricas como a do Buda, mas sinto que não deveríamos falar dos Mestres livremente, vulgarizando a questão. Desta forma, não teremos atingido a essência, a pessoa verdadeiramente regenerada e a possibilidade da real compreensão daquele estado de progresso, no qual tudo de imaturo e egoístico no ser humano foi totalmente abandonado, dando lugar a um novo florescer.

Uma outra pergunta é: *são eles fontes de energia?* Naturalmente! Seu estado de consciência pura é de elevada energia, mas não de um tipo que conheçamos. A compaixão, o amor totalmente altruístico, universal, imparcial, doando-se com abundância, a sabedoria que tudo vê – tudo é energia. Nada existe de mais poderoso que isso. Assim, a pessoa iluminada, o Mestre, é uma fonte de energia maravilhosa.

Eu não compreendo bem esta questão: ***raramente fala-se dos Mestres e, quando são abordados, isto costuma ser feito segundo a tradição de testemunho e devoção de C.W. Leadbeater e Hodson***[1]... Se é que sabemos o que eles são, como podemos pensar a seu respeito em qualquer atitude que não seja de devoção e aspiração? Se imaginamos um Mestre apenas montando um cavalo ou vivendo no Tibete, isso será a formação

1 Geoffrey Hodson (1887-1983) – destacado teósofo e escritor de obras sobre simbolismo, espiritualidade e outros temas. (N.E.)

de imagens, e nós perderemos a qualidade real. Mas se obtivermos um sentido da qualidade de uma consciência perfeita – sabedoria, compaixão, pureza imaculada, paz – as qualidades que constituem uma consciência pura, o que podemos fazer exceto aspirarmos a elas? Eu não entendo qual outra abordagem seria possível.

CB: A abordagem principal a isso, a questão dos Mestres que desempenham um grande papel na história da S.T., é a de tentar compreender o nível de consciência a partir do qual eles operam. Podemos realizá-lo de formas diferentes, tentando compreender o que é compaixão, o que é amor, o que é compreensão verdadeira. Existe um livro que poderá nos ajudar, intitulado *Luz no Caminho*[2]. Começa com quatro frases, sendo, uma delas a seguinte: "antes que a voz possa falar na presença do Mestre, ela deverá ter perdido o poder de ferir." Se pudermos analisar esse ponto e compreender qual é o estado de consciência que jamais fere, teremos tocado algo do estado de consciência que os Mestres representam. Parece-me que tal é o caminho principal para compreender o que eles representam e também para abordar toda essa questão.

RB: Pergunto-me se não tem havido referência demasiada aos Mestres na S.T. e pouquíssima sobre a Senda e sobre a maneira como deve ser trilhada. Além da obra *Luz no Caminho*, podemos obter vislumbres da consciência mais elevada, que é aquela dos Mestres, pela leitura das obras *As Cartas dos Mahatmas a A.P. Sinnett* e *Cartas dos Mestres de Sabedoria*[3]. Existe também a obra de Clara Codd, intitulada *Teosofia como os Mestres a Vêem*, que pode ser útil. Nesses livros podemos vislumbrar suas idéias, como eles pensam e o que eles consideram como sendo a Senda. É muito mais importante tentar seguir este caminho do que falar a seu respeito. H.P.B. disse a seus estudantes que os reverencias-

2 Editado por Mabel Collins. (N.E.)
3 Editado por Jinarajadasa. (N.E.)

sem em seus corações e se elevassem até eles em aspiração, pois este é o único meio de contatá-los. Não podemos trazê-los até nosso nível. Um deles escreveu em uma carta que somente a afinidade pode fazer com que uma pessoa estabeleça contato com eles. Como podemos nos afinar, à semelhança das cordas de um instrumento musical que responde quando perfeitamente sintonizado? Na S.T. deveríamos enfatizar sobretudo a maneira de viver que abrirá a comunicação com a dimensão espiritual dos Mestres – mais do ser e menos das suas personalidades, sua aparência física, o que fazem etc.

AR: Se quisermos estudar o significado mais profundo da S.T., chegaremos às palavras dos Mestres. Podemos deixar que aquelas palavras nos falem e depois nós mesmos seremos responsáveis. Somos os pesquisadores e buscamos a verdade. Em determinado momento a verdade transcende as palavras – se trabalharmos no espírito dos Mestres, poderemos até mesmo transcendê-los. Eles não se preocupam consigo mesmos e nós pensamos demais, não apenas nos Mestres como personalidades, mas também em nós mesmos como personalidades. Porém deveríamos procurar focalizar o tema mais e mais. Há dois anos Ianthe nos ministrou um breve curso, no qual propôs uma diretriz: considerem simples palavras-chave e prossigam ao seu modo, tentando desenvolver profundamente a própria forma de estudar.

Será que a S.T. é o único caminho para atingir a "theosophia" ou será também a base para outras escolas? Será a S.T. o único canal certo para a "theosophia"? Seriam incorretas todas as outras linhas de espiritualidade?

RH: Vários grupos e indivíduos no mundo podem possuir verdadeira sabedoria, e podemos reconhecer que eles têm "theosophia". Eles podem até mesmo ter uma grande parcela da verdadeira sabedoria, a qual não possuímos. Como a S.T. foi fundada por grandes Adeptos, que tinham uma visão ampla da sabedoria divina e desejaram trazê-la ao mundo através desse movimento, é provável que eles tenham dado à S.T. tanto quanto foi possível dar ao mundo naquela ocasião. Mas existem também muitas sociedades, grupos e organizações que têm ensinamentos e conhecimentos espúrios, com uma mentalidade estreita ou atitude dogmática variada e, naturalmente, não podemos dizer que todos esses outros movimentos espirituais têm o direito de reivindicar a sabedoria no mesmo grau que a S.T..

KS: Como membros da S.T. deveríamos ser muito modestos. Nós procuramos a verdade e jamais deveríamos reivindicar que somos o único canal certo. Estamos buscando. Não deveríamos dizer que somos melhores do que outros.

AH: A tarefa da S.T. é a de elevação da humanidade. Existe o perigo de transformar a S.T. em uma fortaleza de pensamento, de beleza e de importância, com toda a magia relativa aos Mestres etc. Isso poderá ser um obstáculo para o amor e para o contato direto com o mundo exterior, com o qual estamos e precisamos estar em contato direto. Com efeito, deveríamos ser muito modestos e não criar fortalezas de pensamento em torno da S.T..

EA: Não penso que a S.T. tenha qualquer sabedoria. Ela não tem sequer uma opinião. Sabedoria é algo pessoal. Você não pode dizer que os Mestres tenham dado sabedoria à Sociedade.

RB: Não, a questão é: será o único caminho para a sabedoria?

EA: Será um caminho? Foi dito, em algum lugar, que a própria pessoa que busca constitui o caminho. Nós somos o caminho para a sabedoria.

RB: Deveríamos ser modestos e não alegar que este é o único e exclusivo instrumento para a salvação humana. Houve muitas – e estou certo de que ainda há – escolas as quais são desconhecidas para as pessoas. Quando os fundadores chegaram em Madras, entraram em contato com swami T. Subba Rao, e H.P.B. reconheceu-o como estudante profundo de teosofia. Creio que ela disse ser ele seu igual em ocultismo. Ele sabia muito e pertencia a uma escola vedantina. Houve pessoas sábias nas vastas áreas montanhosas do Tibete, nas florestas onde foram concebidos os *Upanishads*. Em toda a parte do mundo deve ter havido, e talvez ainda haja, pessoas que conhecem teosofia. Não podemos dizer que somos as únicas pessoas a possuí-la.

Isso não significa que a S.T. não tenha valor, que ela não tenha determinada função específica. Uma de suas funções é a de unir o mundo através da sabedoria da teosofia. Através da S.T. foi feita uma tentativa de colocar tal sabedoria em uma linguagem que não é específica a qualquer religião, apresentando-a a todos os povos do mundo e integrando-os em um grupo internacional de buscadores, interessados no bem-estar de todos os seres.

Não podemos dizer que outras linhas de espiritualidade não sejam corretas. Mas as assim chamadas escolas espirituais estão hoje em dia proliferando e, portanto, é importante a questão das diretrizes. Precisamos ter algum grau de clareza sobre o que é verdadeiro e o que não é. Por exemplo, se o ensinamento de uma escola espiritual passa a ser um meio de ganho material, poderá ser esta uma escola autêntica? Seria o lucro material compatível com a realização espiritual? Uma escola na qual as pessoas são ensinadas a se tornarem escravas da devoção, seguidoras cegas, poderia ser considerada verdadeira? Alguém reivindica o *status* de um deus ou de semideus, e as suas palavras são consideradas infalíveis. As pessoas acreditam que se ele olhar em seus olhos, iluminar-se-ão. Serão reais idéias dessa natureza?

A teosofia e a literatura teosófica proporcionam critérios para que se possa distinguir entre o autêntico e o herético.

Existem outros grupos – Alice Bailey, Rosacruzes, Antroposofistas, Sai Baba etc. – trabalhando linhas espirituais paralelas à da Sociedade Teosófica. Nosso segundo objetivo visa estudos comparados. O estudo daquilo que os Mestres ofereceram através de H.P.B. e Sinnett é um empreendimento para toda uma vida, porém, da mesma maneira como Annie Besant, C.W. Leadbeater, Geoffrey Hodson, G.R.S. Mead e outros também estudaram profundamente o lado oculto das coisas, assim o fizeram De Purucker, Alice Bailey,

Steiner e outros. Como podemos trabalhar com suas idéias sem perdermos o nosso método de trabalho? Qual é o nosso método, realmente teosófico, de estudo? Qual é a distinção essencial entre a S.T. (Adyar) e outros grupos?

IH: A diferença está no primeiro objetivo. Nossa Sociedade está comprometida com o princípio da fraternidade universal da humanidade sem distinções de raça, credo, sexo, casta ou cor. Pelo que sei, não há outra organização com esse objetivo, e essa é a única condição para filiação à Sociedade. Essa constitui a grande diferença entre as organizações. Podem haver semelhanças nos ensinamentos, mas isto é, em certo sentido, secundário. Nosso trabalho é o primeiro objetivo.

RB: E o que dizer sobre os outros ângulos da questão?

IH: Bem, isso responde a todos eles.

RB: Não, não responde. Como podemos operar com idéias na literatura dos autores mencionados sem perder o nosso método de trabalho? Qual é realmente o método teosófico de estudo?

IH: Eu não penso que haja um método de estudo. Tenho o meu método, e ele não é o mesmo que o de outras pessoas. Creio que a diferença não está no método, mas está no primeiro objetivo. E isto é tudo que estou preparada para dizer.

RH: Quando falamos de um estudo sobre religiões, filosofias e ciências comparadas, a palavra "religiões" refere-se a ensinamentos muito amplos e profundos, que foram ministrados no passado e que influenciam grande parte da humanidade, indicando também onde há sabedoria oculta a ser descoberta. A palavra"filosofias" refere-se à sabedoria de grandes filósofos e cientistas. Contudo, não se supõe que necessariamente tenhamos de estudar as idéias de qualquer pessoa específica, como Sai Baba. Antes de sabermos se os ensinamentos transmitidos por um novo movimento são autênticos, teremos de despender um período estudando, para, talvez, descobrirmos que são espúrios. Assim, teremos perdido nosso tempo. Se quisermos saber se vale a pena ler os livros de Alice Bailey, deveríamos, por exemplo, procurar examinar um livro cujo tema conhecemos muito bem. Se tomo o livro *Medicina Esotérica* ou *Cura Esotérica*, então, como médico, posso ver facilmente se o conteúdo é válido e, quando leio a introdução, posso logo ver se aquele que é chamado o Tibetano é um adepto. Se fizermos um esforço, poderemos descobrir se dado movimento está disseminando bons ensinamentos.

IJ: Na Seção Mexicana, quando estudamos diferentes linhas, criamos confusão para os membros. Não estou dizendo, todavia, que não é interessante conhecer diferentes tipos de material, porém criamos confusão se tentamos ensinar sobre muitas coisas e não penetramos na essência da teosofia. Esse é um dos pontos que debatemos nos grupos. Precisamos saber o que apresentar na Seção, mas não como meio para atrair membros. Se temos medo de perder membros, realizamos um evento na Seção ou na Loja para atrair pessoas. Isto não é correto. O trabalho da Sociedade é sério, e deveríamos buscar descobrir o melhor na teosofia e apresentá-lo.

IH: Eu cometi um engano ao dizer que não existe um método teosófico de estudo. Ele existe, e vocês o encontrarão nos comentários de Bowen ["A Doutrina Secreta e seu Estudo"[4]]. Nos estudos que se realizam é sempre necessário manter em mente o todo, a unidade. Em tais comentários H.P.B. diz que se você perder a idéia da unidade, a separatividade interpõe-se e o estudo perde seu valor. Seja o que for que estivermos estudando, o ponto de vista de um instrutor, ou os planos da Natureza, sempre precisamos pensar em termos do todo. Talvez esta seja a diferença entre o método teosófico de estudo e outros métodos. Leiam os comentários de Bowen.

RB: Se me recordo bem, existem quatro aspectos que ela nos diz precisarmos manter em mente. Você mencionou um deles.

4 Apêndice em *Fundamentos da Filosofia Esotérica*, Ed. Teosófica, 1991. (N.E.)

IH: A unidade de toda a existência.

RB: Ela também diz que é necessário manter em mente que não existe matéria morta ou substância inerte. Tudo é vida e consciência, uma verdade que esclarece muitos aspectos.

FI: É muito importante o que Ianthe acabou de dizer. Compreendo que os princípios teosóficos trazem clareza. Quando você está em busca e encontra vários movimentos, digamos Zen ou Bailey, você se depara com uma clareza singular na literatura e nos ensinamentos da S.T.. Não significa que não deveríamos ser modestos a respeito, porém deveríamos reconhecer esse ponto. Se você vende literatura teosófica, como eu faço, e se você tem o privilégio de entregá-la em mãos às pessoas, você sabe que está lhes entregando algo que lhes trará clareza. Venho fazendo isso há dez anos e jamais observei qualquer outro efeito. Deveríamos reconhecer esse fato e não dizer com demasiada facilidade que somos como outros grupos.

RB: Conforme Ianthe destacou, nossa Sociedade defende a fraternidade universal sem distinções. A mente sem distinções é uma mente regenerada. Então, aquilo que a Sociedade defende é basicamente regeneração, e não é apenas simples fornecedora de volumes de conhecimento às pessoas. O conhecimento é apresentado, porém tendo em vista produzir a mudança de uma condição não-regenerada para uma nova mente que não sente divisão ou diferença.

Não podemos dizer que somos o único grupo que pode proporcionar clareza. Antes de mais nada, não sabemos o que os demais grupos estão fazendo. Mas examinemos os grupos que foram aqui mencionados. Os seguidores de Sai Baba acreditam em uma autoridade, na realidade, em um deus na Terra. O próprio Sai Baba diz: "eu sou deus". Na S.T. não há deus. Não existe autoridade a quem adoramos e obedecemos. Podem haver algumas coisas que Sai Baba diz e que nós também dizemos, embora ele possa dizê-las de forma diferente. Quando ele diz que você precisa ser amável, útil e assim por diante, podemos concordar com isso. Mas há muito que não temos em comum. A grande maioria dos membros da S.T. não aceitam Sai Baba como deus. Se ele dissesse que todos e tudo são deus, poderíamos aceitar, mas ele diz que ele é deus, o que é realmente inaceitável.

Foi esclarecido de forma oficial e muito incisiva que não existe autoridade na S.T.; nem H.P.B., nem Annie Besant, nem qualquer outra pessoa constituem autoridade na Sociedade, pela simples razão de que a sujeição a uma autoridade é prejudicial à inteligência humana. Todo o processo evolutivo é o que tem sido chamado o "despertar da inteligência". É o desabrochar da consciência. A consciência é, em essência, inteligência. A consciência sem inteligência nada seria. Nosso destino é nos tornarmos mais inteligentes, obter sutis formas espirituais de inteligência. Se aceitamos uma autoridade, repetindo o que ela diz – seja Sai Baba, H.P.B., Annie Besant, Krishnamurti ou qualquer outra pessoa – renunciamos à nossa inteligência. A política da S.T. é não proclamar dogmas, criar crenças nem estabelecer uma autoridade na forma de livros ou pessoas. Isso atribui determinado caráter à Sociedade. Quando um outro grupo tem autoridade, como podemos dizer que somos iguais? Podemos ter algo em comum em determinados pontos, porém não podemos dizer que somos o mesmo que aquele grupo.

Examinemos, por exemplo, os rosacruzes[5]. Eles realizam iniciações e oferecem cursos. As pessoas que seguem tais cursos recebem muitas iniciações. Um grau artificial é atribuído à pessoa. Infelizmente, isso também aconteceu na S.T. em determinada ocasião, porém isso já é história passada. Uma pessoa não cresce espiritualmente porque alguém lhe atribui determinado grau. O caminho é interior. Nós somos o caminho. É somente quando mudamos, quando nos tornamos puros, amorosos etc., que nos desenvolvemos espiritualmente. Nada tem a ver com o que outras pessoas dizem. Os rosacruzes podem estar oferecendo alguma forma de ensinamentos teosóficos. Acredito que o façam. Provavelmente acolheram uma boa parcela da S.T.. Contudo não somos o mesmo que os rosacruzes.

---

5 Existem diferentes grupos, realizando variadas atividades, intitulados rosacruzes, podendo alguns ser idôneos e outros não. (N.E.)

Se examinarmos esses grupos, verificaremos que há pontos de concordância – não com todos os grupos, mas com alguns. Há também pontos relevantes em seus ensinamentos os quais não podemos aceitar.

Há também uma diferença entre grupos teosóficos; eles têm muitos pontos em comum, porém diferem em alguns aspectos. Alguns grupos teosóficos dizem que H.P.B. e uma ou duas outras pessoas constituem as autoridades, que apenas o que eles disseram é teosofia. Se alguém discordar em qualquer ponto, não será um teosofista. Aceitam uma autoridade, entendem que possuem algo como uma escritura nos ensinamentos de certas pessoas. Nós temos muitas perspectivas em comum com essas pessoas, porém no ponto principal que mencionamos há uma diferença fundamental. Eu me recusaria a participar de uma Sociedade onde houvesse uma autoridade e onde certos ensinamentos fossem tratados como escrituras. Se a S.T. defendesse essa posição, eu não me interessaria mais em ser membro. Na nossa Sociedade a liberdade é dada a todas as pessoas para inquirirem, verem o que lhes é aceitável no momento atual. A pessoa pode seguir qualquer direção que lhe ofereça inspiração no presente. Essa liberdade na nossa Sociedade é muito preciosa. Ela é apenas limitada pelo princípio da fraternidade. A fraternidade e a liberdade são os dois pilares no ingresso da Sociedade Teosófica.

Pode surgir confusão se, em uma Loja ou em qualquer unidade da S.T., as pessoas propagarem qualquer das outras escolas. Não porque dizemos que somos melhores ou porque somos as únicas pessoas que sabem. Não as condenamos. Não temos qualquer opinião oficial a respeito delas. O membro individual tem liberdade completa. Pode tornar-se um adorador de Sai Baba, receber iniciações e assim por diante e ser um membro da S.T.. A menos que viole o princípio da fraternidade de forma grave e consistente, ele pode permanecer na Sociedade e ser livre. Pode ser hindu, budista ou cristão, pode freqüentar uma igreja ou mesquita. Existem algumas pessoas que são intolerantes nesse sentido, questionando por que outras pessoas deveriam ir à igreja. Se elas não querem religião, são livres para não tê-la, porém outras pessoas também estão livres para terem a religião que quiserem.

É esta a posição da S.T.. Embora o indivíduo seja livre, se uma Loja teosófica ou qualquer outra Unidade, Federação ou Seção começar a propagar Sai Baba ou algo do gênero, isso criará confusão. O público acreditará que o aceitamos como deus. Se permitirmos ao Rosacrucianismo um papel importante em uma Loja, as pessoas associarão seus rótulos com o trabalho da S.T.; portanto, uma Loja ou Seção está em posição diferente daquela de um membro; a Loja representa a S.T. onde ela está, na sua cidade ou localidade. Terá de manter o caráter da Sociedade e não apresentar uma imagem que faz com que as pessoas a confundam com algo diferente.

O ocultismo pode ser útil no processo da regeneração?

IH: Através do estudo da realidade na Natureza, "a natureza da própria Natureza", por sua descoberta, atravessamos um processo de regeneração e alcançamos a verdade sobre a Natureza e sobre nossa natureza. Todo o estudo pode ser útil, e o estudo do ocultismo significa o estudo do que realmente somos, do que o indivíduo realmente é e do que a vida representa. Isso pode apenas ser útil no processo da regeneração.

RB: O estudo e o entendimento do que está oculto pode auxiliar a regeneração porque nossa cegueira impossibilita que tomemos atitudes adequadas. Como podemos compreender as conseqüências do que fazemos, que podem ultrapassar os limites da nossa visão atual, se nossas perspectivas são tão estreitas? Um exemplo prático está no pensamento. Não podemos ver o pensamento ou seus efeitos; todavia, se pudéssemos compreender mais a seu respeito através do estudo da literatura afim, nossas ações e relacionamentos poderiam ser diferentes. Suponhamos que pudéssemos efetivamente ver o que acontece quando temos um pensamento cruel, hostil ou egocêntrico. É provável que começássemos a agir de modo diferente, porque tornar-se-ia uma realidade. Se pudéssemos, de fato, ver as conseqüências *kármicas* daquilo que realizamos, talvez passássemos a nos comportar de modo diferente. Mas não o fazemos. Apenas falamos sobre o *karma*; não o estudamos o suficiente para termos convicção. Se começássemos a conhecer algo a seu respeito, depois de estudá-lo, poderíamos ser bastante diferentes.

RH: Minha resposta espontânea a esta questão é que a regeneração deveria vir em primeiro lugar; o ocultismo pode vir posteriormente, pois a regeneração significa a consecução do altruísmo, o desaparecimento do "eu". Gostaria de ver isso antes do desenvolvimento da possibilidade do conhecimento oculto, que vem por si mesmo.

RB: Penso que não pode ser categorizado dessa forma. A percepção e a purificação estão alinhadas; a purificação representa a regeneração e a percepção, a consciência do que antes não era visível ou conhecido. Enquanto a mente permanecer impura, repleta de seus desejos etc., ela será incapaz de ver. Se há desejo, vemos de acordo com o desejo. Se somos ciumentos, nossas análises são de acordo com nosso ciúme. Se temos inveja de alguém, aquela pessoa parece ser indigna. Assim, vemos conforme o que existe dentro de nós. Se quisermos ver mais, torna-se necessário dispersar as nuvens na mente. A mente terá de tornar-se mais clara, mais pura. Quando vemos mais, isso nos ajuda a clarear mais nossa consciência. Pode não ser possível transformar-se em uma pessoa totalmente nova, um indivíduo perfeito, e então ver. Talvez seja uma questão de ver um pouco mais, e assim compreender mais a respeito de si mesmo.

4

Nossa Abordagem à Teosofia

O que é teosofia?

GW: É a arte de viver.

RB: Essa é uma descrição muito própria e breve. A palavra "arte" comunica a idéia de beleza, harmonia, senso de proporção – muitas coisas.

HG: Em minha Loja, o consenso foi o de que é uma crença na unidade de toda a vida.

LR: Talvez seja cooperação divina e humana ou cooperação espiritual e humana.

EA: Não deveríamos formular um conceito da teosofia ou defini-la. Ela é um método de abordar a vida que implica questionamento; a mente teosófica é uma mente inquiridora.

CB: Uma resposta significativa a essa pergunta pode apenas surgir no diálogo entre uma pessoa que questiona com interesse genuíno e alguém a quem suas perguntas possam ser formuladas.

RB: Será que a Loja de Helen quis dizer crença na unidade da vida ou compreensão da unidade da vida? Se apenas acreditamos, isso não significa muito. A unidade terá de manifestar-se na vida diária.

Nas palavras de Einar, isso sempre permanecerá uma pergunta. Até mesmo quando pensamos que compreendemos o que é teosofia, a mesma questão deverá surgir novamente, porque precisamos compreender a teosofia de uma forma mais profunda e atingir a essência dos fatos.

Será necessário passar pelo sofrimento para chegar à verdade? Qual é o lugar ocupado pelo sofrimento e pela tristeza no que se refere à mudança fundamental?

LR: Podemos compreender o sofrimento se também tentarmos compreender a felicidade. Somos felizes quando nos expandimos, quando compreendemos mais da verdade. Sofremos quando decaímos, quando estamos sob pressão. Ao abordarmos a verdade, temos antes uma visão de alguma idéia verdadeira. Se realmente a compreendermos, então tentaremos colocá-la em prática, o que causará dificuldades dada à criação de obstáculos por nossa personalidade e pelo ambiente. Porém essa força nos impulsiona. É o que acontece aos artistas quando têm uma visão, uma experiência e querem criar algo para exprimi-la. Eles sempre sofrem quando tentam exprimi-la, porque é difícil lidar com a matéria. A idéia e a experiência estão lá, porém expressá-las no mundo material significa sofrimento. Nunca se tem realmente êxito ao transmitir a experiência, porém pode-se abordá-la. Assim, também costumamos sofrer quando procuramos compreender a verdade ou aproximarmo-nos dela. Podemos nos aproximar da verdade, porém, na realidade, raras vezes alcançamos ou temos êxito em sua concretização. Esse é um tipo de sofrimento.

NJ: Primeiramente vemos o sofrimento pessoal no mundo, por exemplo, a pobreza, a doença, a dor. Mas há, ainda, um outro tipo de sofrimento. Você pode sofrer de ignorância, ou por não estar em um estado natural de bem-aventurança. Toda a miséria que vemos neste mundo é um reflexo do nosso turbilhão interior. Será que sofremos por que nos vemos como seres individuais, separados? Para termos a percepção verdadeira, para vermos a verdade, precisamos dissolver esse sentido de separatividade, esse ego, isso a que chamo "eu mesmo". Esse é um processo muito doloroso. Nele há também alegria, porém, para destruir a si mesmo você tem que sofrer. Eu não penso que exista qualquer outra maneira.

SL: O sofrimento é o resultado da resistência. Talvez pôr um fim à resistência seja a única maneira de estar liberto do sofrimento.

CB-W: É o eu inferior ou o eu superior que está sofrendo? O eu superior com freqüência precisa sofrer quando vê o eu inferior titubear e fracassar. Quando você procura estar em harmonia com tudo, pode estar feliz e ainda crescer na direção da mudança fundamental.

FI: Em todas as tradições gregas, como nas Quatro Nobres Verdades do Budismo e na filosofia dos *kleshas* nos *Yoga Sutras* de Patanjali, é dito que sofremos porque nos apegamos à personalidade, àquilo que pensamos ser o "eu". Assim, talvez o sofrimento seja necessário para que possamos descobrir o que somos e o que não somos.

RB: Nicky indicou que o sofrimento está dentro de nós, que ele é o egoísmo que representa o "eu". Pensamos que o sofrimento origina-se do exterior e dizemos: pode ele ajudar-me ou não a concretizar uma mudança? Mas o sofrimento vem do exterior? Podem haver dificuldades externas, como terremotos. Isso, todavia, é diferente dos problemas psicológicos que enfrentamos – isso é o sofrimento devido à solidão, ambição frustrada, preocupação com a própria segurança etc. Em última análise, todo sofrimento pode ser reduzido ao desejo do ego e de suas frustrações por não realizar aquele desejo. Desta forma, não deveríamos separar o "eu" do sofrimento. O "eu" está sofrendo. Se o "eu" não existisse, não haveria sofrimento.

Na mesma situação, é possível sofrer e não sofrer. Sofrer a pobreza significa ter resistência a ela, ao dizer que "outra pessoa privou-me daquilo que eu deveria ter". Torno-me amargurado e desagradável, nada dou aos pobres. Toda sorte de acontecimentos acometem a pessoa que vive a pobreza. Todavia, também o oposto pode ocorrer. Annie Besant passou por períodos muito difíceis, mas isso não a fez amargurada, ressentida, invejosa. Ao contrário, ela era uma pessoa que considerava todos, que tinham dificuldades, que eram famintos e desanimados, como os seus próprios filhos. Desta forma, a experiência da pobreza, em um caso, pode produzir um indivíduo amargurado e, em outro, uma pessoa excepcionalmente fraterna. A amargura e a inveja representam sofrimento.

Então, será ele necessário? O sofrimento não é necessário para que eu possa passar por uma mudança fundamental, porque o "eu" é o sofrimento. A mudança fundamental surge quando o "eu" morre. Então não há sofrimento. Talvez possamos também dizer que o sofrimento é necessário porque o egoísmo parece ser uma parte necessária do processo involutivo. Todos parecemos já nascer com ele. Determinadas escolas dizem que o egoísmo e o sofrimento não têm começo, porém terminarão. Quando termina o sentido do ego, termina o sofrimento.

Qual é a diferença entre ação espontânea e ação impulsiva ou reativa? Haverá alguma relação entre intuição e impulsos e palpites?

CB: Não penso existir qualquer relação entre impulsos ou palpites e ação espontânea.

RB: Uma reação parece espontânea porque pode ser rápida. Se alguém bate em você, você reage imediatamente. De que maneira isso é diferente da reação espontânea?

CB: O impulso, ou reação, vem do conteúdo da mente. A ação espontânea é a ação da consciência liberta dos impulsos e influências da mente. Está além do pensamento. Surge de uma fonte interior sempre nova.

LR: A ação reativa está vinculada aos veículos da nossa personalidade, e a sua consciência é formada no sistema nervoso, na psique e no subconsciente pelo hábito e pela herança. A ação espontânea diverge dessa reação, porque ela surge de um lado profundo dentro de nós mesmos, sem premeditação. Às vezes a ação espontânea pode ser muito criativa.

MD: Existe uma outra categoria de ação que ainda não consideramos. Há a ação que se realiza em virtude do hábito. Ela aprofunda cada vez mais o hábito e se auto-reforça. Existe o tipo de ação que se realiza porque "eu" estou no centro e ela me agrada ou não. O próximo tipo de ação pareceria ser um ato volitivo, que aceita os acontecimentos, pensa e cria, uma ação deliberada formadora de *karma*, bom ou mau. Por fim há um tipo espontâneo que ocorre porque "isto" (significando nós mesmos) está completamente fora do caminho. Está apenas relacionado com o que é necessário, o que está originando a ação.

PO: A mente pode ser muito ativa, mas pode haver falta de percepção em uma mente muito ativa. A mente, tendo como sua base o cérebro, está destinada a ser reativa. Enquanto estiver ausente um estado de atenção ou de percepção, verificam-se reações, e jamais surge uma ação espontânea de uma fonte interna mais profunda.

RB: A atenção ou percepção terá de evidenciar aquele eu separativo que reage. Alguém se sente ferido. Poderá não reagir externamente, mas, se alimentar o ferimento, isso também será reação. Por que alguém se sente ferido, desonrado? O *Bhagavad Gita* declara que há um estado onde não há honra ou desonra, nenhum sentimento de perda ou ganho. Não estamos conscientes de que o que é ferido é a auto-imagem. Se a pessoa não tiver uma auto-imagem, uma concessão prévia de que a outra pessoa deveria considerá-lo com respeito ou algo assim, ela não se sentirá ferida em ocasião alguma. Assim, a percepção é necessária para que se observe a existência da auto-imagem. Então haverá o poder de "ser como nada", mencionado em *Luz no Caminho.*

Da maneira pela qual abordamos a teosofia atualmente parece não haver mais necessidade do estudo de obras teosóficas

clássicas como 'A Doutrina Secreta' ou 'As Cartas dos Mestres', ou ainda do uso de palavras sânscritas. Isso é correto?

CB: Necessitamos definitivamente da literatura inicial da S.T., como *A Doutrina Secreta*[1] e *As Cartas dos Mahatmas*. A questão é como abordamos essas obras. Há um ponto para o qual Blavatsky chamou atenção, conforme registrado nos comentários de Bowen. Ela disse que você não lê *A Doutrina Secreta* para obter uma imagem completa do Universo. Assim você apenas ficará confuso. *A Doutrina Secreta* pode apenas *conduzir* na direção da verdade. Ela não fornece uma imagem do Universo através da mente ou do intelecto; ela desperta algo que existe profundamente em nós, uma semente que cresce e que começamos a perceber desde o interior quando olhamos para a vida, para a nossa vida, para a vida ao nosso redor, para o Universo. Tal qualidade nessa literatura é muito preciosa e não devemos perdê-la.[2]

GW: Cada tipo de literatura tem o seu lugar no desenvolvimento da pessoa. E nem todos podem começar com *A Doutrina Secreta*. Inicialmente a pessoa lê muito, ou pode começar lendo sobre espiritualismo, apenas assimilando a idéia de que existe algo mais do que o planeta físico. Depois, os livros de Leadbeater são muito interessantes, porque descrevem as leis da Natureza de uma forma fácil. Quando você tiver aceito que essas leis funcionam, você procurará investigá-las. A seguir, você pode chegar ao Taimni[3], que aponta o caminho conducente à autorealização. Em seu livro *Palestra sobre Aos Pés do Mestre*, C.W. Leadbeater explica o mesmo que Taimni em *Autocultura*. Então nos encontraremos no ponto da mudança fundamental. Embora possamos ler muito, fazer com que essa mudança fun-

---

1 Magna obra de H.P. Blavatsky (em português em 6 volumes) sobre Filosofia, Religião e Ciência. (N.E.)

2 Veja-se, também, *Estudos Seletos em "A Doutrina Secreta"* (Salomon Lancri), Ed. Teosófica. (N.E.)

3 I.K. Taimini – escritor hindu, e Ph.D. em Química, reconhecido por seus livros sobre Yoga e Ocultismo. (N.E.)

damental se realize em nós é realmente difícil. Essa mudança fundamental é de uma qualidade diferente em cada nível de desenvolvimento e para cada pessoa. Uma mudança como libertar-se dos seus cigarros é fundamental por determinado período, porém cinco anos mais tarde você pode vir a ter outras prioridades. Assim, é um caminho difícil, e sempre que você se encontra em determinada fase, você recorre a um tipo diferente de literatura para sentir-se motivado no próprio desenvolvimento.

PO: Na carta 59 do livro *As Cartas dos Mahatmas* há uma passagem importante para o nosso debate: "você compartilha com todos os principiantes a tendência de recolher inferências demasiado fortes a partir de indicações superficiais apenas parcialmente percebidas, dogmatizando-as como se tivesse sido pronunciada a última palavra. Você corrigirá isso no tempo devido. Muito provavelmente você poderá nos compreender mal, pois nossa linguagem sempre terá de ser mais ou menos a de parábolas e sugestões quando trilharmos terrenos proibidos; temos modos próprios de expressão e o que está por trás das paredes de palavras é até mesmo mais importante do que aquilo que você lê. Porém mesmo assim: TENTE."

RB: Qual é a utilidade dos livros se eles não conduzem ao despertar ou à sabedoria? E se você está desperto e é sábio, qual é sua necessidade de recorrer a livros? Isso é verdade com relação a qualquer livro, seja *A Doutrina Secreta, As Cartas dos Mahatmas* ou quaisquer outros. Penso que podemos abandonar a denominação "clássico". Por que colocar um rótulo no livro e dizer: é aqui que obterei sabedoria. Depende, conforme disse Curt, de nossa abordagem à literatura. Qual é o nosso propósito? Será o de procurar? Ou será algum tipo de ideologia? Se quisermos apenas uma ideologia teosófica ou espiritual, poderemos dizer: essas são as fontes das quais você obtém a ideologia. Todo comunista obtém sua ideologia de Marx; todavia, teosofistas não deveriam ter ideologia alguma. Nosso lema é: "não há religião superior à Verdade". Assim, se estudamos *As Cartas dos Mahatmas* ou *A Doutrina Secreta*, deveríamos fazê-lo com a mente aberta, procurando ver onde reside a verdade, a qual, como acabamos de mencionar, pode encontrar-se por trás das linhas e não diretamente nelas. *A Doutrina Secreta* apenas conduz na direção da verdade, porque as palavras não são a verdade. A palavra "amor" não é a experiência do amor. É por isso que em uma das cartas dos *Mahatmas* consta o seguinte: "A maioria dos nossos segredos, se não todos, é incomunicável. A iluminação terá de vir de dentro." Do contrário, tudo que Eles teriam a fazer seria imprimir o que sabem, como um livro de gramática, e distribuí-lo para o mundo. Então todos seriam sábios! *Luz no Caminho* e livros semelhantes de sabedoria foram dados ao mundo, porém não nos tornamos sábios porque não sabemos como deles obter a verdade, como penetrar no interior das palavras – não nos tornamos sensíveis à verdade.

Não podemos dizer que não mais necessitamos dos livros clássicos. Tanto quanto permitir nossa discriminação, deveríamos procurar descobrir quais livros valem a pena. Dispomos de tempo limitado todos os dias e durante esta vida. Não há tempo a perder. Deveríamos ver o que vale a pena e tentar chegar mais perto da experiência real.

A nossa abordagem não está em dizer que não precisamos de quaisquer livros, que devemos jogá-los fora, mas com qual visão nós os estamos utilizando. Queremos nos tornar dependentes daquilo que o livro diz a fim de chegarmos a conclusões sobre a verdade? Será que repetiremos o que é dito, à semelhança de um papagaio? Ou será o objetivo alcançar uma maravilhosa, direta e nova percepção da verdade?

Não nos preocupemos se as palavras são em sânscrito, latim ou outra língua. O importante é aprender o conteúdo, o que ela diz. O sânscrito é usado apenas porque possui rico vocabulário filosófico e religioso. Consideremos, por exemplo, uma palavra como *tattva*, que significa "verdade". A palavra "verdade" termina por não expressar o mesmo que *tattva*, porque *tattva* significa "o que o objeto é realmente" a "seidade". A rosa, a roseira, aquela árvore, você, eu, o que somos não apenas aquilo que nossos sentidos nos dizem, não o que nossas mentes preconceituosas dizem que somos. A verdade é aquilo que somos de fato, não apenas no nível físico exterior, porém em nível interno, integralmente. Qual é a profundidade em você, a sua totalidade? É *tattva*. A palavra de imediato expressa a existência em si, aquilo que é, a "seidade". Existem muitas palavras como esta em sânscrito e por isso ele tem sido usado. Porém pode ser difícil para as pessoas que não conhecem essa língua. Então, que elas desconsiderem as palavras sânscritas! Não nos preocupamos com palavras ou livros, porém com a verdade.

Necessitamos dos livros "clássicos". Mas nenhum livro deveria tornar-se um substituto da experiência da verdade. Não há uma "palavra de Deus", porque ela precisa ser ouvida na profundidade do coração da pessoa e não ser lida em forma impressa.

Não devemos tornar-nos dependentes das palavras dos outros; ainda assim livros podem ser úteis. Um livro é como um mapa. Ele proporciona algum tipo de compreensão. O grau de exatidão do mapa é algo que precisa ser investigado. H.P.B. escreveu em uma carta que há erros nas cartas dos *Mahatmas*, porque foram transmitidas através de outras pessoas, impressas em suas mentes. Onde residem os erros? Não devemos considerar tudo de forma literal ou argumentar sobre pontos que não podemos conhecer no momento. Se estivermos realmente interessados na verdade, precisamos ir aos pontos essenciais e, um dia, quando nos tornarmos oniscientes, muitos outros aspectos serão conhecidos.

Como encaramos a literatura de Besant e Leadbeater à luz dessa abordagem moderna e direta?

RB: A pergunta deveria ser formulada como segue: como encaramos *qualquer* literatura à luz da regeneração? Por que questionar apenas sobre a literatura de Besant e de Leadbeater? Se somente aceitarmos o que se encontra em qualquer literatura, conformando nossa mente a ela, ou repudiando seu conteúdo de imediato, isso não nos auxiliará. Ou nos tornamos crentes ou, visto que acreditamos em algo diferente, rejeitamos essa literatura específica. Essa abordagem pode estar errada. Se a nossa preocupação é com a verdade, deveríamos examinar todo o tipo de literatura com a mente aberta. Mesmo se compreendemos algo, não deveríamos chegar à conclusão de que compreendemos tudo.

O Buda disse: "não aceitem nada por ser tradição, por estar contido nas escrituras, por ser aceito na sociedade em que você vive, não aceite sequer o que eu digo. Investigue!" Ele estava apontando para algo de extraordinário valor do ponto de vista da renovação ou transformação sobre a qual estamos falando. Não deveria ser essa nossa atitude? No pequeno livreto sobre regeneração, que todos receberam[4], há uma bela citação de Khrisnamurti: "o mendigo pode dizer algo que você não capta porque você não lhe dá ouvidos, e o guru pode dizer algo que está errado", pois podem existir gurus que são sábios, mas não infalíveis. Desta forma, perdemos aquilo que é bom e aceitamos aquilo que pode ser falacioso.

O lema da S.T. "não há religião superior à Verdade" é de importância básica na abordagem de qualquer literatura, ensinamento ou idéia. Tudo deveria ser considerado com base em seu mérito. Não devemos rejeitar algo alicerçado no preconceito, criticar pela força do hábito, condenar uma pessoa para sempre porque ela cometeu alguns enganos, nem elevar alguém a um pedestal porque gostamos de depender de uma autoridade. Isso não seria sábio da nossa parte. Quando não compreendemos algo relativo a assuntos que não podemos decidir, mantenhamos nosso julgamento em suspenso. Posteriormente poderemos vir a saber.

RH: Estudei uma série de livros de Leadbeater e Annie Besant e não há sequer um livro deles que não aborde a regeneração da humanidade, cujos ensinamentos não sejam relevantes à compreensão do progresso e da auto-regeneração da humanidade. Não estou dizendo que não haja pontos onde eles possam ter errado em algum detalhe ou em alguma interpretação, porém no todo, e até mesmo em qualquer passagem específica, vale a pena estudá-los pois tornam mais bela nossa visão.

RB: Aquilo que dá origem a um pequeno avanço, um novo *insight* em uma pessoa, poderá depender de suas necessidades. Ne-

4 Livreto distribuído antecipadamente aos participantes desse seminário. (N.E.)

nhuma pessoa conhece profundamente a situação de outra. Não podemos decidir pelos outros o que é bom para eles e o que não é. Mesmo se alguém estiver perseguindo algo de forma insensata, se é isso que realmente quer por um período, ele terá de passar pela experiência. Eu não estou dizendo que deveríamos desencaminhar as pessoas ou expressar pontos que são contra os princípios teosóficos básicos. Mas isso é algo que precisamos ter em mente. A regeneração realiza-se em diferentes ocasiões, através dos inúmeros pequenos despertares que H.P.B. menciona em *A Doutrina Secreta*. Quando você olha para uma árvore, no momento pode haver uma iluminação, a consciência desabrocha um pouco. Mesmo em um livro que não seja de valor especial podem haver alguns pensamentos que exprimem o que é necessário para determinada pessoa em determinada ocasião.

FI: Todos nós aqui na S.T. trabalhamos, e devemos compreender que nossos dias de trabalho podem ser repletos de dificuldades. O que aprecio na literatura de Besant e de Leadbeater é que ela é tipicamente uma literatura daqueles que trabalham e que tiveram suas dificuldades no seu tempo. Eles então fizeram o que nós estamos realizando hoje. Isso não será suficiente?

Deveríamos continuar a estudar 'A Doutrina Secreta' e/ou outra literatura original, ou deveríamos passar a estudar livros teosóficos modernos[5], no caso de dispormos de tempo limitado para o estudo, devendo fazer escolhas?

RB: Penso que já tratamos mais ou menos dessa questão. Tudo depende de quem é a pessoa envolvida. Um livro simples pode ser útil a um indivíduo, enquanto que uma passagem de *A Doutrina Secreta* pode sê-lo para outro. Como podemos decidir o que será útil para outra pessoa? Quando eu comecei com a leitura teosófica, estava no ginásio. Se alguém tivesse insistido para que eu lesse *A Doutrina Secreta*, talvez isso me tivesse afas-

5 Como exemplo, podemos citar a obra *Sabedoria Antiga e Visão Moderna* de Shirley Nicholson, Ed. Teosófica, 1991. (N.E.)

tado para sempre do estudo da teosofia. O que me interessou mais naquela ocasião foram os livros de Leadbeater. Por que não dar liberdade ao indivíduo? O que lhe agrada pode não ser *A Doutrina Secreta* nem os livros de Leadbeater, porém os *Yoga Sutras* e o *Livro do Tao*. Ele poderá encontrar a teosofia através da literatura que não é publicada por nós.

MH: Você encontra um livro e, repentinamente uma página exerce uma influência profunda sobre você. Com os livros teosóficos, às vezes, você verifica que é atraído por um autor e lê vários de seus livros, um após o outro. E tais livros funcionam para você, operando em seu interior. Você sente empatia pela pessoa que os escreveu. É uma experiência viva. Eu senti como se a pessoa que escreveu o livro estivesse na sala comigo. Percebo a questão como algo muito pessoal. Conforme foi dito por Radha, penso que você se sente atraído de um nível interior para determinado autor ou livro, e se você deixar isso acontecer, o livro que você está lendo é indicado para você no seu nível.

RB: Talvez, de uma forma amistosa, possamos recomendar livros às pessoas, porém não devemos tentar impô-los a elas.

GG: Talvez se devesse também ler o "Livro da Vida" que se abre diante de nós todos os dias.

Haverá algum caminho para chegar à sabedoria sem o conhecimento? O que é o conhecimento essencial?

RB: É dito que um buscador aproximou-se de um sábio e perguntou "qual é a natureza da Realidade Primordial *Brahman*?" O instrutor não respondeu. O homem perguntou pela segunda vez "o que é tal Realidade?" O sábio não respondeu. Formulou a pergunta pela terceira vez e o instrutor respondeu "eu lhe respondi, porém você não compreendeu. *Brahman* é silêncio". Quando essa questão foi formulada, todos ficaram muito silenciosos...

O que é sabedoria? Talvez você não possa responder a essa questão com palavras. Haverá um caminho para a sabedoria sem o conhecimento? Parece-me que existe tal caminho e que esse é a auto-entrega total. A palavra devoção, como qualquer outra palavra, torna-se corrompida. A devoção não significa sentar em frente a uma imagem, física ou mental, oferecendo preces, pedindo bênçãos, dizendo "eu sou seu". A devoção abandona o "eu" totalmente; ela nada pede – bênçãos, conhecimentos, graça, nada. Para o devoto, tudo que for a vontade do Supremo é bom. Tudo na manifestação é bom, porque tudo faz parte de uma única realidade. O *Bhagavad Gita* menciona diferentes tipos de devotos: aqueles que querem ser aliviados de seus sofrimentos, aqueles que querem conhecimento e aqueles que querem outras coisas. Mas o real devoto é aquele que nada quer. Ele abandona o eu totalmente. Esse é um caminho para alcançar a sabedoria, mencionado em várias tradições. A auto-entrega expressa a idéia de que o eu separado precisa ser totalmente abandonado. Então, haverá a consecução de algo infinitamente mais maravilhoso, belo, verdadeiro, uma presença divina universal.

WV: O conhecimento pode ser útil para que algumas pessoas atinjam a sabedoria. Para outras, o conhecimento poderá destruir a sabedoria. Na admissão de novos membros, na Loja onde tenho o privilégio de trabalhar, entregamo-lhes a obra *Aos Pés do Mestre*. Não há muito conhecimento nela. Os novos membros podem lê-la em quinze minutos, mas você pode também dedicar a vida inteira ao seu estudo. Depende se o seu estudo conduz até a verdade oculta nas palavras ou se você lê o livro em quinze minutos e jamais torna a olhar para ele.

RB: O conhecimento pode criar dificuldades, mas a devoção também. Se não a compreendermos acertadamente, ela se torna mero sentimentalismo e emoção. Não é algo fácil abrir mão de todos os desejos, de tudo aquilo que queremos, da totalidade do "eu". Atingir a sabedoria não é fácil, porque formamos o sentido do ego durante muitas reencarnações. O egotismo pode ser passivo por um período de tempo, e a pessoa parece mais sábia. Mas ela poderá mudar quando enfrentar condições mais complexas ou a própria tentação. A tentação não é algo externo. Ela é interna. Somente quando houver desejo interno é que as circunstâncias parecerão exercer tentação. Constitui realmente uma exacerbação daquilo que já existe.

5

Trabalho Individual e Grupal para a Regeneração

Pode uma Loja regenerar-se enquanto grupo?

RB: Nenhum grupo pode regenerar-se como tal, porque a transformação precisa realizar-se dentro de cada pessoa, à sua maneira e no seu ritmo. Porém as atividades das Lojas podem ajudar os indivíduos que as freqüentam a compreender a necessidade da regeneração, esclarecendo o significado e a forma de vida a ser adotada. Essas são questões que podem ser abordadas por membros na Loja.

Não conhecemos realmente a natureza da mudança que a palavra "regeneração" implica. Sabemos com uma parte da nossa mente, porém, na verdade, não sabemos o que é liberdade do egoísmo, a qualidade de uma mente altruística. Precisa ser realizado o trabalho para que se chegue a sentir do que se trata e não apenas pensar a seu respeito. Uma Loja pode auxiliar a criar a atmosfera necessária. As reuniões nas Lojas poderiam constituir um lembrete contínuo para os membros, evitando que esqueçam a meta. Contudo, a verdadeira mudança precisa realizar-se na consciência de cada indivíduo; ela não pode acontecer em grupo.

AH: A questão poderia ser formulada como segue: "o que posso eu fazer, como indivíduo, para ajudar as Lojas ou os membros dessa Loja nesse processo? Em cada Loja deve existir uma atmosfera na qual os participantes se conheçam melhor reciprocamente. Deve ser criada uma atmosfera amável, não em nível superficial, porém onde haja realmente um processo em que os membros ouçam uns aos outros, estabelecendo o sentimento de confiança mútua. Se não houver confiança mútua, será muito difícil que, unidos, nos aprofundemos. Para muitos de nós aqui esta foi a experiência nesta semana.

Quando há confiança mútua, existe a atmosfera para uma investigação em conjunto. Fornecer respostas ou fazer declarações sobre a verdade não constitui uma ajuda. Formulando questões simples, os outros membros da Loja têm a chance de pensar sobre os fatos. Cada qual poderia perguntar-se: "por que eu digo isto e aquilo, o que quero dizer com isto, será que eu compreendi bem que você quer dizer isto e não aquilo? Talvez dessa forma possamos resumir na Loja aquilo que foi aqui abordado. Se quisermos que uma Loja trabalhe para a regeneração, deveremos preparar o terreno e criar a atmosfera certa. Então aos poucos tornar-se-ão claros os diferentes aspectos.

RB: É importante sermos amigos, passando a nos conhecer reciprocamente e a confiar uns nos outros. Alguém disse que, quando pela primeira vez foi a uma Loja, ninguém lhe deu qualquer atenção. Tal indiferença não é o caminho para criar uma boa atmosfera para este trabalho.

AV: Também deverá ser dada atenção a um novo membro em um grupo de estudos. Às vezes um grupo de estudo pode ser muito impressionante para quem ali recém ingressou. Pode ser difícil satisfazer tanto aos membros novos quanto aos "membros antigos". Contudo, é importante estabelecer o elo.

Por que tantos membros da Sociedade pertencem ao grupo de pessoas de idade mais avançada? Será que podemos fazer mais pelos mais jovens?

HG: Comecei como um teosofista jovem e em alguns lugares ainda estou sendo tratado como um teosofista jovem! Todos precisam envelhecer; estou agora recebendo a minha aposentadoria por idade. Atrair jovens tem sido um problema permanente para a S.T.. No início tive que participar de um seminário sobre jovens e disse, na ocasião, que deveríamos parar de nos preocuparmos com jovens e velhos. Devemos ser teosofistas, praticar a fraternidade, reunir sem distinção todos os irmãos. Não deveria haver uma diferenciação por idade. Muitas pessoas jovens e ligeiramente mais velhas, pessoas em seus vinte, trinta ou quarenta anos, estão demasiado ocupadas com a manutenção de sua vida familiar, a obtenção de meios para sobrevivência, a descoberta de seu caminho no mundo etc. Elas não têm tempo para pensar sobre temas espirituais, a menos que sintam uma inclinação natural nesse sentido.

Eu mesmo ingressei na S.T. aos quatorze anos de idade. Estava na escola e estou certo de que, se não tivesse ingressado dois anos antes de se iniciarem os exames, eu não teria ingressado por mais dez ou quinze anos. Uma vez que você começa a estudar para as provas, você não tem mais tempo. Mas como tornei-me engajado (não fui forçado por meus pais), posso assegurar a vocês que ingressei voluntariamente. Uma vez tendo ingressado, aqui permaneci porque era a minha família. Há preocupação demasiada sobre a maneira pela qual podemos atrair os jovens.

Aconteceu algo mais. Quando eu tinha mais ou menos trinta e cinco anos, entusiasmei-me bastante porque consegui que minha vizinha também ingressasse. Ela tinha apenas trinta e quatro anos e, então, eu não era mais o membro mais jovem do meu grupo! Naquela ocasião, eu tinha viajado pelo país afora e tinha estado em vários grupos, porém em toda parte eu sempre era o membro mais jovem. Neste grupo específico, havia somente senhoras de cabelos brancos – não havia homens. Depois, um casal interessou-se pela Sociedade e nela ingressou como casal. Assim, havia um membro que era homem. E como ele estava feliz de vir com a esposa, outros homens também vieram na semana seguinte. Anteriormente eles tinham vindo, visto todas aquelas senhoras e não voltaram. Você precisa ter algo especial para exercer atração.

Eu estou provavelmente me contradizendo porque o evento seguinte que se concretizou foi a filiação de uma menina de vinte anos. Tivemos outros jovens que vieram, mas todos eles viram aquelas pessoas mais idosas e se afastaram. Todavia, essa moça de vinte anos era já membro da Sociedade. Ela veio porque já era "parte da família". Veio e permaneceu. Depois um outro jovem também se filiou. Dentro de um espaço de tempo muito resumido, tínhamos quatro pessoas com menos de trinta anos de idade.

Nós precisamos dos jovens para atrair os jovens, porém não deveríamos nos preocupar em demasia. Precisamos tornar tudo animado e interessante. Lembro meu pai contando-me que, na Loja a qual ele se filiara, uma pessoa tinha sido presidente por vários anos. Ele foi ali conduzido por um colega que estava trabalhando com vários jovens; ele tinha então vinte e poucos anos. Depois de um certo período, as pessoas jovens na Loja conseguiram persuadir o presidente para que abandonasse a sua função e deixasse um dos jovens assumir a presidência. A primeira atitude que tomaram foi a de estabelecer uma nova regra – que ninguém deve ser presidente ou secretário por mais de dois anos. As pessoas idosas pensam que podem realizar as atividades de forma melhor e que os jovens não têm capacidade para realizá-las satisfatoriamente, faltando-lhes sua eficiência. Mas nós temos de permitir a ineficiência porque as pessoas não irão aprender, a menos que realmente façam o trabalho por si mesmas – e se alguém realizou o trabalho por período demasiado longo, ninguém desejará realizá-lo porque ninguém quer fazer um trabalho tão longo. Se o seu Secretário-Geral sempre permanece por sete anos, muito embora haja uma eleição a cada ano, ninguém que deseje realizar o trabalho por apenas dois anos se sentirá persuadido a fazê-lo.

MH: Sempre acreditamos que as pessoas têm uma vida de setenta anos aproximadamente. Os jovens, atualmente, de certa maneira, estão no caminho de uma expansão exterior até que atingem seus trinta ou trinta e cinco anos, e então algo acontece. Começam a pensar mais introspectivamente, se desiludem com a vida de uma forma geral, com a ida a festas etc., e, desta forma, começam a procurar. Isso explica porque não há tantos jovens sobressaindo-se. Quando Jesus esteve na Terra, ele alcançou primeiro os seus trinta anos antes que algo acontecesse realmente através de seu corpo.

AR: Na S.T. tenho estado muito feliz contatando pessoas mais idosas. Aprendi mais com pessoas idosas do que com jovens. Porém, precisamos dos jovens, porque, do contrário, em trinta anos ou mais não teremos mais membros. Penso que há uma solução simples. Se organizarmos atividades animadas e participativas, como grupos de estudo, nós teremos os jovens. Se organizarmos atividades passivas, como palestras, então teremos pessoas idosas.

JB: Fui um teosofista jovem e ainda me sinto assim. Durante muitos anos vivi em Seattle, nos Estados Unidos, e o meu parente mais próximo estava a 2.000 quilômetros de distância. A Loja era minha família. Meus filhos nela se envolveram, não por causa da Loja, mas por causa dos acampamentos que fazíamos. Íamos a um belo lugar na Ilha de Orcas. Todos nós que tínhamos filhos costumávamos ir para lá, e os nossos filhos se tornaram amigos e interessaram-se por teosofia. Trabalhavam juntos, brincavam juntos. Viam-se também fora das atividades do acampamento. O mesmo aconteceu com a Távola Redonda. Agora muitos daqueles jovens são membros ativos da Sociedade porque aprenderam a trabalhar em conjunto e a serem amigos.

HS: Ingressei na S.T. aos vinte e cinco anos, e todos os membros pareciam ter duas vezes minha idade. As Seções da S.T. que têm o maior número de jovens são aquelas que são mais dominadas pelas pessoas idosas. Tenho questionado se há uma tendência das pessoas idosas em manter a Sociedade como ela era, e em dizer aos jovens "Saiam e façam um acampamento ou cantem canções ou dancem em torno da fogueira". Eu entrei em contato com a Federação Mundial de Teosofistas Jovens, participei de acampamentos, cantei ao redor de fogueiras e achei enfadonho. Na verdade, não queria realizar tais atividades. Desejava realmente estudar teosofia e ocupar-me das atividades da S.T.. Nós poderíamos acrescentar ao primeiro objetivo "...sem distinção de ...ou idade". Deveríamos mudar nossas atitudes em relação às pessoas de outros grupos etários, tentando compreendê-las melhor, abstendo-nos de tratá-las como se fossem diferentes de nós. Se tivéssemos menos embaraço quanto a diferentes grupos etários, o problema estaria solucionado.

BM: Esse não é um problema exclusivo da S.T.. Na Escandinávia, os jovens estão se afastando de sociedades idealísticas, das atividades políticas e religiosas. Parecem estar demasiado ocupados com a vida externa das distrações e tentações. Mas aqueles que realmente ingressam na Sociedade são pessoas de valor. Deveríamos procurar atrair aquelas pessoas que não são jovens na alma, embora sejam jovens de corpo.

RB: Às vezes as pessoas dizem "os jovens querem isto, então isto deve ser feito". Se vocês disserem "quais jovens?", eles apontam para alguém que tenha quarenta ou cinqüenta anos de idade. São pessoas de meia-idade, não são mais jovens. Precisamos de velhas almas para contribuírem com sua sabedoria. As almas jovens precisam de algo como a S.T.. Precisamos de pessoas de diferentes grupos etários.

Os jovens podem não ser atraídos pela S.T. enquanto estiverem muito autoconfiantes. À medida que se envelhece, perde-se progressivamente a segurança a respeito de si próprio, tendo menos confiança quanto ao próprio conhecimento, e tornando-se assim mais disposto a aprender.

Deveríamos ter mais atividades participativas, conforme foi sugerido. Quando há vitalidade em uma Loja, ela se torna mais atrativa para pessoas de todas as idades. Deveria haver "amizade viva" entre os membros. Se houver uma atmosfera calorosa, como na família, onde os encontros são animados e se permite a participação dos jovens, as pessoas tornar-se-ão mais interessadas. Os jovens gostam de ser ativos, e a S.T. beneficiar-se-ia deixando que fizessem algum tipo de trabalho prático, como a Ordem Teosófica de Serviço, ou que realizassem outra atividade útil a qual proporcione alguma canalização para sua energia.

Quando eu era bem jovem e participava da Távola Redonda, o nosso trabalho não era apenas cerimonial. Realizamos muito em conjunto – coletamos e consertamos roupas para crianças pobres; preparamos e vendemos doces de chocolate para o benefício dos pobres. Acreditávamos que estávamos realizando algo maravilhoso, mas também nos divertíamos. A quantia de dinheiro com que contribuíamos era reduzida, porém o incentivo para participar era grande.

Um dos documentos preliminares sobre esses seminários propõe a criação de uma Federação Européia de Jovens Teosofistas. Haverá qualquer intenção por parte da Presidente para promover tal divisão?

RB: A intenção não estava na mente da Presidente porque ela nada sabia a respeito.

CB: Talvez não devêssemos tentar formar uma federação ou organizar o trabalho dos jovens; deixemos que venham e se unam a nós. Eles encontrarão as próprias atividades as quais nós não precisamos organizar.

IH: Eu desaprovaria com veemência quaisquer esforços para organizar jovens em um grupo separado com reuniões próprias. Eu não vejo razão alguma para isso e considero-os como fator de divisão. Como tivemos alguns discursos autobiográficos, contribuirei com o meu. Eu também comecei a ler livros teosóficos aos quinze anos e, em meu décimo-sexto aniversário , ganhei a obra *Vida em Liberdade*, de Krishnamurti. Durante o ano seguinte, passei, por vontade própria, a ser vegetariana. Isso foi muito útil para o aperfeiçoamento do meu francês, porque em minha classe, na escola, tínhamos uma senhora francesa que nos persuadia a conversarmos em francês. Assim, aproveitei a oportunidade. Eu era uma vegetariana e uma "reencarnacionista" militante, e, desta forma, aprendi a expressar-me sobre esses assuntos em francês. Não cheguei a fazer prosélitos, mas continuei dessa maneira durante meus anos na universidade. Cada refeição passou a ser um debate sobre as virtudes do vegetarianismo. Quando comecei a participar de reuniões teosóficas, minha mãe não ficou muito feliz, não porque eu fosse oficialmente católica romana, mas simplesmente por causa das roupas que algumas das senhoras idosas vestiam! Vocês devem ter visto algumas fotografias da Dra. Besant vestindo o que parecia ser uma mistura de sari e camisola! Durante os últimos doze meses pude admitir na Sociedade dois garotos em idade escolar. Um deles tinha lido muitos livros sobre teosofia e assuntos similares. Mais recentemente admiti outro garoto. Agora trocamos cartas como iguais, interessados pelos mesmos assuntos. Na minha opinião, separar as pessoas por idade é tão errado quanto separá-las por raça, credo, sexo, casta ou cor; por isso deveríamos acrescentar a idade ao nosso primeiro objetivo. Não deve haver discriminação alguma.

Nem todos os ensinamentos teosóficos são muito simples. Freqüentemente, além de serem profundos, são complexos. Também são muitas vezes apresentados de uma maneira que parece ser monótona ou muito abstrata, talvez mais como material para estudantes de teologia do que para os jovens em geral, mesmo para os que estão buscando o sentido mais profundo da vida. Quais são os pensamentos inspiradores nos ensinamentos teosóficos para os jovens?

DG: Os jovens estão muito interessados nos problemas que a família mundial está enfrentando, como ecologia, prevenção da crueldade com animais e problemas com o meio-ambiente. O desafio diante dos estudantes de teosofia pode residir em ampliar o escopo do estudo e incluir uma abordagem teosófica a todos esses problemas. Nos nossos encontros públicos em Montevidéu, as pessoas participam dos trabalhos com um bom coordenador, naturalmente. Os assuntos abordados referem-se a problemas que tocam a alma do homem, não importa sua idade. Registra-se uma participação maior de jovens do que de pessoas mais idosas. As pessoas mais idosas freqüentemente já obtiveram o que desejavam. Os jovens ainda estão buscando. Estão pedindo cooperação, calor, amabilidade; preocupam-se com o que está realmente acontecendo no mundo. Às vezes os nossos estudos estão em um nível demasiado mental e não exercem atração sobre os jovens, pois não são práticos o suficiente. Talvez devamos rever a abordagem dos nossos estudos, tratando de problemas reais que todos estamos enfrentando, como o abuso das drogas, por exemplo. Se realizássemos reuniões sobre esses tópicos com pessoas experientes – dotadas de uma perspectiva teosófica subjacente – apontando as causas reais, isto seria um sucesso e atrairia os jovens.

KE: Na Finlândia, às vezes, organizávamos seminários para o público sobre tópicos como "através da natureza da floresta até a vida espiritual". Vários cientistas apresentavam palestras. Centenas de pessoas, inclusive muitos jovens, participavam. Verificamos que tal tipo de trabalho é realmente muito bom.

RB: Muitos jovens iam ouvir Krishnamurti, tendo também lido seus livros. Ele abordava problemas reais – o problema da insegurança de um mundo no qual há lutas constantes e assim por diante. Esses são os temas pelos quais as pessoas se interessam.

AO: Gostaria de acrescentar a meditação como uma atividade regular nas Lojas, porque muitos jovens estão participando de todo tipo de grupos de meditação. Eles estão muito interessados nesse assunto. Talvez uma meditação orientada devesse ser realizada nas Lojas. Estou seguro de que muitos jovens ingressariam na S.T. em virtude disso.

AH: Embora não devêssemos fazer uma distinção etária na S.T., deveríamos também estar conscientes de que os jovens têm questionamentos diferentes, formas diferentes de se expressarem. Gostam de reunir-se com amigos de sua idade para debater aquilo que lhes parece importante. Os contatos feitos em tenra idade podem durar toda uma vida. Para mim esta foi uma das grandes vantagens dos acampamentos para jovens. Quando você é jovem, talvez seja também mais fácil cometer erros. Se jovens e pessoas mais idosas se reunirem poderão auxiliar-se mutuamente.

Será possível saber acerca da mudança fundamental se a pessoa for ambiciosa, gananciosa e assim por diante? Será possível produzir a mudança fundamental através da força de vontade?

RB: O que queremos dizer com saber acerca da mudança fundamental? Todos somos avarentos, ambiciosos, invejosos, presunçosos etc. – e tal listagem de adjetivos pode ser muito longa! Em uma pessoa uma dessas formas do ego pode ser forte, em outra, pode ser diferente. Se sou ambicioso, porém não orgulhoso, penso que a outra pessoa é egoísta, porque é orgulhosa. Ela vê que sou ambicioso, mas ela não é; assim, pensa que eu sou egoísta. Ambos pensamos que o outro é egoísta. O fato é que somos ambos egoístas, uma vez que essas são facetas do mesmo fenômeno; uma forma de ego não é melhor do que outra. Os "ingredientes" em cada um de nós são ligeiramente diferentes, porém, em última análise, o resultado é a mesma "sopa". E aqui estamos – ambiciosos, avarentos etc. Será que podemos conhecer a respeito da mudança fundamental? Se, pela palavra "conhecer", quisermos dizer "vivenciar" a mudança fundamental, evidentemente não será o caso, porque, enquanto houver ambição e tudo o mais, não haverá mudança. Todavia, observando que esta é a fonte de nossos problemas, podemos dar um impulso em direção à mudança.

Em outras palavras, estando claramente conscientes da existência do desafio interno e enfrentando-o, começamos a negá-lo e a pôr-lhe um fim. Quando dizemos que negamos, quem é o "nós", ou melhor, o "eu"? Não há um "nós", porque isso precisa acontecer em cada um individualmente. Porém, quando "eu" nego, quem nega? Será o "eu" ambicioso? Será que às muitas das minhas ambições eu acrescento mais essa? Eu me imagino tornando-me uma pessoa bela, a quem todos admirarão. "Quem sou eu?" É a pergunta para a qual Ramana Maharshi repetidas vezes chamou atenção. Quem está pensando, desejando, fazendo e assim por diante? Krishnamurti destacou: "O observador é o observado". A pessoa que deseja negar pode ser a pessoa que é ambiciosa.

A questão da vontade própria resume-se no seguinte: poderá a *vontade* do eu afastar a ambição? A percepção mostra que o observador que deseja acabar com a ambição é a ambição que foi observada. Tal percepção constitui uma mudança para um nível de consciência não-associado com o objeto chamado "eu mesmo". Isso pode ser *buddhi*. Apenas uma visão clara, não procurando obter ou realizar o que quer que seja, pode aquietar a mente e pôr um fim à sua atividade. Isso pode não ser vontade própria. A Dra. Besant destacou que um problema – digamos a ambição – freqüentemente aumenta se uma pessoa lutar contra ele, pois aquele que luta é como a pessoa que é ambiciosa. Isso porque o eu está repleto de contradições: quer tanto acabar quanto permanecer como está. A Dra. Besant orientou a meditação sobre a qualidade oposta. Se você tem tendência a embravecer-se, medite sobre a paz. Se for uma verdadeira meditação, a consciência começará a sentir paz. Uma mudança de nível, plano ou dimensão é uma mudança qualitativa.

AB: Quando alguém realmente quiser uma mudança, essa pessoa encontrar-se-á em um ponto no qual está pronta para mudar. É porque está muito infeliz com uma situação negativa ou com ela mesma. Dessa forma, os seus íntimos sentimentos lhe dizem que está na hora de mudar. Quando estiver realmente pronta, necessitará força de vontade. Acredito que a mudança tenha a ver com a força de vontade.

GS: Krishnamurti disse que dever-se-ia tentar olhar com cuidado para o que está acontecendo na mente. Com cuidado significa com atenção e amor; não é uma maneira analítica de observar. Mas você necessita de certo tipo de força de vontade.

HS: A mensagem do *Bhagavad Gita* parece ser a de que, em tudo que acontece e em tudo que é feito, existe um único ator. Creio ser isso verdade. Como podemos vincular isso a uma mudança individual? Eis aqui um problema profundo – a interrelação do indivíduo com tantos outros. Será que Radha poderia esclarecer um pouco esse ponto?

AR: Se você realmente usar sua vontade será como usar os músculos dos seus braços e, ao final, nada acontecerá. Você precisa libertar-se de toda a força de vontade enquanto não souber o que a força de vontade é realmente.

LR: Precisamos estabelecer uma distinção entre fazer um esforço e forçar algo. Se usarmos a força de vontade quando não sabemos exatamente o que ela é, poderemos estar forçando algo, com resultados negativos. O esforço contínuo pode trazer o resultado certo e uma mudança interna.

WV: Deveríamos tentar comparar a evolução do Universo e a do indivíduo. Qual é a verdadeira vida e força subjacente à evolução do Universo? Talvez possamos chamá-la a Vontade do Uno, a Vontade divina. Na evolução do indivíduo, há vários aspectos da vontade – entre eles sua vontade egoística que pouco tem a ver com a Vontade universal, a Vontade una. Uma vez que tenhamos êxito em encontrar e viver de acordo com a vontade do Uno, a Vontade Sagrada, então, a mudança se produzirá, porque agimos e vivemos de acordo com aquela Vontade tremenda que nada tem a ver com nosso eu egoístico, e sim com nosso Eu divino.

RB: A Vontade divina pode não ser diferente da Inteligência universal e da Bondade universal. O *Baghavad Gita* refere-se ao "ator" – que também é aquele que usufrui, que experimenta, que pensa – e à liberdade dessa identificação. Quando a mente está liberta, não há a sensação de "eu sou o ator, aquele que usufrui, aquele que conhece, a pessoa usando a vontade". A auto-identificação pode ser muito sutil. Podemos não pensar conscientemente "eu sou o ator", porém no fundo da mente poderia haver o sentimento de "eu estou agindo, eu sou a pessoa que sabe, o conhecimento é meu, a experiência é minha", que é uma maneira de manter o autocentro, que é um centro criado psicologicamente.

O *Baghavad Gita* aponta o fato de que esta é uma projeção do pensamento, uma espécie de ficção que criamos, rótulos que fixamos. Existe um tipo diferente de ação, uma ação sem a pessoa que diz "eu sou o ator", conhecendo sem o centro que diz "é meu o conhecimento". O ponto chave do problema é: será que o autocentro continua a existir ou será que morreu? Se alguém disser "eu terminei com a ambição, eu sei disso", realmente não terminou com o eu, porque ele continua na forma do "eu mesmo", "aquele que conhece".

Às vezes, membros da S.T. com opiniões próprias, sem seguir a linha prevalecente, são considerados como não-teosóficos. Quais são os critérios que regem esse ponto? Opiniões pessoais, por mais irritantes que possam ser, prejudicam a S.T.? Ou será que podem até mesmo ajudar a manter a S.T. alerta e viva, livre de dogmas?

EA: A S.T. é uma instituição muito especial, uma instituição forte. O Presidente pode fechar uma Loja ou uma Seção se ela não funcionar. É uma estrutura forte, porém não tem dogmas. Os políticos usam os ideais para manter unida a sua organização, mas é difícil ser um bom teosofista se não tivermos diretrizes claras. Precisamos estar muito alertas sobre nossas metas para que não nos tornemos dogmáticos.

CB: Deveríamos ser muito tolerantes, muito liberais ao aceitarmos todo o tipo de pontos de vista pessoais, pois são essenciais à vida da S.T.. Existe um ponto que merece a nossa atenção, isto é, se alguém falar contra a fraternidade ou em termos racistas. Até mesmo nesse caso deveríamos ser, em grande medida, tolerantes. Somente se isso for muito persistente e grave, deveriam ser tomadas medidas. Antes de tudo deveríamos ter um diálogo e discutir os fatos antes que quaisquer medidas fossem tomadas. As opiniões pessoais deveriam ser, a princípio, bem aceitas.

WK: Seria muito agradável se todos nas Lojas concordassem entre si, mas concordar poderá nos fazer adormecer. Portanto, seria bom encontrar regularmente pessoas com pontos de vista diferentes.

AR: Existem vários critérios para guiar o trabalho. A fraternidade é importante, porém como indivíduos deveríamos tentar compreender a vida. Tudo o que aumentar o aprofundamento da consciência é aceitável. Eu penso que esses dois fatores, a fraternidade e o trabalho pela unidade – o desenvolvimento da inteligência individual e o trabalho conjunto enquanto grupo, mantendo a responsabilidade individual – são importantes e deveriam constituir a base da nossa vida. Proporcionam os critérios no sentido desejado.

AB: A princípio precisamos considerar as idéias de outras pessoas. Porém, quando há membros nas Lojas cujo comportamento contradiz a fraternidade, deveríamos tentar chamar-lhes a atenção ao fato de que eles precisam procurar mudar seu comportamento, ao menos durante as reuniões na Loja. Seria bom se conseguíssemos sem falar-lhes diretamente, porque, do contrário, poderíamos causar muita desarmonia na Loja. Seria necessário encontrar alguns meios para fazer com que essas pessoas compreendessem que precisamos praticar nossos princípios. Os objetivos não deveriam estar no ar ou somente dentro dos livros.

LR: Sempre precisamos aceitar opiniões diferentes, buscando ser tolerantes; concordamos a esse respeito. Porém, se, de forma consistente e repetida, verificamos que uma ou mais pessoas se tornam irracionais, simplesmente a fim de serem consideradas interessantes ou especiais, então precisamos ter cuidado porque isso pode tornar-se destrutivo, criando desarmonia. Não obstante, são positivas abordagens diferentes ao mesmo problema. Passam a ser prejudiciais se forem longe demais. Desta forma, deveríamos chamar atenção à fraternidade e aos princípios teosóficos.

IJ: Muitas Lojas e Seções rapidamente encontram-se em meio a problemas quando seus presidentes ou secretários gerais são demasiado tolerantes. Na nossa Seção temos muitos problemas, embora procuremos ser tolerantes. Porém os problemas aumentam continuamente. É difícil saber que atitude tomar na direção da tolerância. Precisamos tomar alguma medida para reduzir as divisões que alguns membros criam, ou, do contrário, elas destruirão a Seção ou a Loja. O secretário-geral ou o presidente da Loja deveriam definir os limites de tolerância, o equilíbrio entre a tolerância e a ação necessário para acabar com os problemas.

HS: Muitos daqueles que mencionaram esse assunto o fizeram em termos gerais. Porém o caso individual pode ser muito esclarecedor. Um indivíduo foi trazido por um amigo para uma reunião e empenhou-se para ingressar na S.T.. Não se podia indicar-lhe um livro, uma vez que era cego. Tivemos batalhas dialéticas que duravam uma hora cada vez. Ele forçou as pessoas a definirem o que estavam tentando dizer e lhe foram dadas explanações longas e cansativas, as quais respondia: "eu não acredito em uma palavra sequer sobre isso." Ele fez muito bem para aquela Loja e, finalmente, passou a ser o seu presidente. Morreu há alguns anos, envolto pela afeição de todos. Se você lidar com esses casos individuais de forma correta, se você responder de forma digna àquilo que lhe é solicitado, esses casos não raro trarão bons frutos. Observei que, quando alguém vem para a S.T. e cria algum tipo de problema, as pessoas dizem: "isto é perturbador para o grupo e para a atmosfera". Existe muito mais perturbação na desaprovação que as pessoas dirigem para aquela pessoa do que no próprio indivíduo. Quando alguém faz perguntas ou ataca algum conceito, essa pessoa quer ser convencida. Eu vou para as Lojas, e as pessoas, às vezes, me dizem em segredo: "há um homem que costuma sentar-se na última fila e sempre faz a mesma pergunta". Geralmente ele não é um perturbador; busca apenas obter a resposta. Freqüentemente a razão por que não a obtém está no fato de a resposta não poder ser dada com palavras.

RB: De um modo geral, todos aqui vêem a necessidade de ser tolerante em permitir liberdade a outras pessoas para que possam expressar opiniões próprias. Mesmo se suas opiniões forem contra o princípio da fraternidade, precisamos aceitá-los como membros, a menos que haja uma hostilidade racial ou pessoal consistente, uma atitude contínua de ausência de fraternidade. Precisamos auxiliar essas pessoas e com paciência poderemos fazer com que vejam que não está certo ter uma atitude "antifraterna".

Certa vez o Conselho Geral analisou, em grande extensão, o caso de uma senhora que sofreu muito em um campo de concentração, cuja família havia sido morta em circunstâncias horríveis. Ela disse que não conseguia gostar dos alemães. Assim, o presidente daquela localidade desligou-a da filiação da S.T., o que aliás ele não tinha o direito constitucional de fazer. O Conselho Geral decidiu que seus sentimentos de "antifraternidade" eram compreensíveis naquelas circunstâncias. Deveria ser dado tempo para que esses sentimentos se extinguissem em um caso como esse. Não devemos concluir rapidamente que alguém não é bom membro. Ao mesmo tempo, cada um de nós precisa exercitar o discernimento para ver o que é teosófico e o que não é teosófico em nós mesmos, como também em tudo o mais. A calúnia é "ateosófica".

Não podemos abandonar nossas faculdades discernidoras e dizer que tudo está bem. Determinados pontos de vista realmente não são teosóficos. Se alguém tentar impor uma autoridade na S.T., seremos obrigados a dizer que isto não está de acordo com a forma de trabalho teosófica. Da mesma maneira, quando surge o pensamento na mente, deve-se ver se é teosófico ou não.

O discernimento é essencial no trabalho da Sociedade. Um membro devoto de Sai Baba está à vontade para ter suas fotos em casa e entoar suas orações. Porém, não podemos permitir isso em uma Loja teosófica. Seria ainda menos apropriado nomear aquela pessoa como palestrante na Seção. Assim, quando se trata de um trabalho da Sociedade, precisamos discernir entre aquilo que cria confusão e aquilo que auxiliará a preservar o caráter da Sociedade. A S.T. defende a fraternidade universal; tem a diretriz de manter o princípio da liberdade. Não há autoridade na Sociedade que diga "esta é a verdade e você deverá nela acreditar", não há dogmas a serem seguidos. É importante que esse caráter seja mantido em toda a parte. Não podemos ter um indivíduo em uma posição em que pode criar impressão errônea sobre a Sociedade em outras pessoas, pelo que ele diz e pensa, o que não significa que o desaprovamos. A partir do ponto de vista individual, pode haver algo na experiência que seja necessário à pessoa em dado momento. Assim, não devemos condenar pessoa alguma. Toda pessoa atravessa experiências a fim de amadurecer. Quem somos nós para dizer o que é necessário para outra pessoa? Porém, executar o trabalho da S.T. na forma correta é um assunto diferente.

6

A Fonte de Energia Espiritual

Poderia a senhora falar sobre a finalidade da Escola Esotérica?

RB: É uma escola iniciada por H.P. Blavatsky em 1888. Originalmente compunha-se de algumas poucas pessoas que possuíam um interesse especial e profundo em aprender sobre sua sabedoria e em seguir suas instruções a respeito da vida interior. Era então denominada Seção Esotérica da Sociedade Teosófica. Posteriormente o nome foi mudado para Escola Esotérica de Teosofia. Desde então a Escola vem crescendo. Agora existem aproximadamente 4.000 membros em todo o mundo. Desde o início seu propósito tem sido o de auxiliar e estimular os seus membros a viverem a teosofia e a vida espiritual.

Os membros da S.T. não são obrigados a viver de qualquer maneira específica, e cada um segue o modo de vida que lhe agrada. A Escola Esotérica é destinada àqueles que estão comprometidos com a autotransformação e trilham aquilo que é chamado a "Senda". É, naturalmente, uma escola de teosofia. Quaisquer orientações ou instruções dadas são de acordo com os princípios teosóficos. A palavra "esotérica" não significa que é uma sociedade secreta. "Esotérico" significa aquilo que está dentro, dentro de nós mesmos. Assim, a Escola existe para o desabrochar ou desenvolvimento interno. Suas reuniões e trabalho, contudo, são privados, restritos aos seus membros.

A Escola, à semelhança do procedimento de outras escolas, segue o princípio teosófico de que a iluminação vem de dentro.

Não é o volume de instruções e materiais recebidos pela pessoa que a modificará. Tudo depende da própria capacidade de assimilação; o que a E.E. tenta fazer – o êxito depende do indivíduo e não da escola – é encorajar e ajudar seus membros a penetrarem profundamente nos princípios e nas verdades teosóficas, tentando vivenciá-los de forma integral e sincera.

A Escola tem determinadas regras, por exemplo, abstenção do consumo de carne, de álcool e de tabaco. Os membros precisam adotar uma forma de vida ordenada e responsável. Às vezes é formulada a pergunta: por que deveriam ser impostas quaisquer regras sobre uma pessoa? A Escola não "impõe" regras, porém admite como membros apenas aqueles que compreenderam que isso é o que desejam fazer.

A questão da abstenção do consumo de carne está relacionada à percepção da unidade da vida. Unidade implica não sacrificar a vida de outra criatura a fim de comer sua carne; isso não é necessário à sobrevivência, pois existem milhões de vegetarianos sadios. Nesse contexto, é formulada a seguinte pergunta: se podem ser feitas objeções à matança, os vegetarianos também estão matando as plantas. Isso porém não é o mesmo, porque no reino vegetal não há sistema nervoso, não há cérebro, e as reações da planta são muito diferentes daquelas do animal.

O princípio da Escola é o de que a dor causada por uma pessoa deve ser reduzida a um mínimo absoluto. Portanto, os membros da Escola preocupem-se, também, em não usar produtos que são o resultado da crueldade, como peles e cosméticos testados nos olhos dos animais. A abstenção do álcool e do fumo é necessária para manter a sensibilidade do corpo.

A E.E. é uma organização mundial destinada a criar um canal de influência espiritual. Nesse sentido, o seu trabalho depende da seriedade com que os membros se esforçam para trilhar a senda, aspirando a servir aos Mestres de Sabedoria. Esse canal pode ser criado por aqueles que estão unidos em sua aspiração, têm uma motivação altruística e prontidão para o serviço.

A E.E. está aberta a todos aqueles que foram membros ativos da S.T. por pelo menos dois anos e que estão prontos a permanecer fiéis às regras da Escola. Todo candidato deve conhecer teosofia ao menos em alguma extensão antes de ingressar na Escola. Os princípios teosóficos que deveriam guiar sua vida e seu desenvolvimento interno devem-lhe ser claros. Conforme já dissemos, ele já deve ter adotado uma forma de vida que está em conformidade com as regras da E.E., sendo vegetariano, abstendo-se do álcool e do fumo, privando-se de uma vida sexual indisciplinada e assim por diante.

Nos países caracterizados pela riqueza material, onde não há guerra, fome ou carência, o sofrimento é geralmente visto no nível emocional da existência humana. Este sofrimento emocional é quase sempre causado pela relação entre homem e mulher. Nesse caso, poderia você dizer algo sobre esta enorme causa de sofrimento?

JA: Penso que está na natureza íntima do ser humano amar e ser amado. Muitas pessoas são materialmente privilegiadas, porém falta-lhes amor. A fraternidade e o amor vêm do interior da pessoa. Acredito que o problema do relacionamento entre homem e mulher está em nossas cabeças. Não há superior e não há inferior. O homem e a mulher complementam-se um ao outro.

SL: Para mim não há fatos externos no sofrimento. O sofrimento é o resultado do egoísmo. Se você vir diferenças entre o homem e a mulher, verá diferenças em toda a parte.

AP: Um amigo meu que sofreu com o rompimento de um relacionamento recebeu bons conselhos de uma senhora chinesa. Ela disse-lhe que ele ficaria bom quando se tornasse uma pessoa integral, quando não mais tivesse a necessidade da "outra metade" que ele pensou ter encontrado.

AL: Para conduzir uma vida simples precisamos apenas dormir, comer e ter algum amor. O sofrimento origina-se em virtude do desejo de obter cada vez mais objetos e da invenção de problemas, ações a serem realizadas.

RB: Será que podemos realmente dizer que a maior parte do sofrimento nos países ricos é de natureza emocional? Há também tremendo sofrimento físico, se considerarmos os viciados em drogas, as mulheres e crianças espancadas e casos assim. Estão disponíveis estatísticas sobre o número crescente de mulheres e crianças que estão sendo atacadas todos os dias. A violência nas ruas e nos lares desfeitos também se enquadra entre os inúmeros sintomas da miséria nos países ricos.

O problema do sofrimento no relacionamento entre homem e mulher surge porque as pessoas gostam de posses. O amor possessivo é um grande problema. A possessividade pode ser vista em diferentes tipos de relacionamentos. Uma mãe pode ser possessiva com seu filho. Em muitos países o relacionamento entre uma nora e a sogra quase sempre é um fracasso; ambas querem possuir. Quando amigos são possessivos, surgem tensões e ciúmes e há "sofrimento". O relacionamento sexual intensifica esse problema. É um bom teste, porque coloca as pessoas na pior posição possível na qual podem passar ou fracassar de todo. No relacionamento sexual existe um sentido mais forte de posse, porque a ele está vinculada grande parte de prazer físico e psicológico. A fonte do prazer, isto é, o homem ou a mulher de quem se obtém o prazer, é identificada com o prazer. Assim, existe um forte apego. O sexo também é uma forma de esquecer a si mesmo. As pessoas atribuem importância ao sexo em parte por ser esta a ocasião em que experimentam o auto-esquecimento. O apego e a possessividade quase sempre aumentam onde existe o relacionamento sexual. É por isso que o ciúme torna-se intenso e o chamado sofrimento da separação é percebido mais acentuadamente nesses relacionamentos.

Um homem santo na Índia disse que as pessoas não existem para que nós as possuamos; elas existem apenas para que possamos servi-las. As pessoas são apegadas às famílias, porém os relacionamentos são temporários. Nesta encarnação alguém é filho, pai ou mãe; na próxima será um grupo diferente. Somos colocados em contato com indivíduos de determinado grupo a fim de aprendermos responsabilidades e servirmos da melhor forma possível, auxiliando-os no desenvolvimento da própria potencialidade – não para possuí-los, retê-los, fazê-los agir de acordo com nossos desejos. Isso é verdadeiro para todo o nosso relacionamento, seja em uma família, seja com um amigo próximo ou com o marido ou a esposa. Por razões mencionadas, é somente no último caso que se torna mais difícil atingir o equilíbrio.

O sofrimento cessa completamente quando o apego e a possessividade estiverem ausentes. Até mesmo a separação não importará quando não houver apego. Se você realmente ama uma pessoa, quando a pessoa morre, o amor não morre, tampouco a alegria do amor. A distância não importa, se você realmente ama uma pessoa. Você lhe dará liberdade para afastar-se. O sofrimento não é causado pela outra pessoa. Toda pessoa com a qual você está ligado lhe dá a oportunidade de aprender a não ser possessivo e aprender o que é o amor verdadeiro.

Ao considerarmos esse ponto, comecemos com a família. A maioria das pessoas sente-se ligada à família e ainda mais ao marido ou à esposa. Comecemos a ser desapegados, porém amando. O apego e o amor, no sentido real, não podem coexistir. A vida serve para compreender o que é o amor, e esse não conhece apego.[1]

A vida é um processo. Então haverá, de algum modo, uma mudança fundamental?

RB: É claro que a todo momento existem mudanças na vida, muitas das quais são imperceptíveis. Cada um de nós passa por mudanças durante diferentes encarnações. Se não houvesse mudança, não haveria processo evolutivo. O processo não somente implica mudança, mas também, a longo prazo, perfeição. A perfeição do organismo físico é produzida através de um lento processo de mudança e de melhoria até o estágio do complexo corpo humano, com um cérebro incrivelmente complexo, muito do qual ainda não é utilizado. Complexidade implica crescente sensibilidade etc. A partir do ponto de vista teosófico,

---

1 Sobre este tema veja-se *A Visão Espiritual da Relação Homem Mulher*, Editora Teosófica, 1992 – coletânea de vários artigos de diferentes autores. (N.E.)

através da evolução biológica, processa-se o desabrochar da consciência. A habilidade de perceber mais e responder mais é desenvolvida através de longos períodos de tempo. Então, deveríamos tomar alguma atitude ou deveríamos deixar que o processo evolucionário nos lançasse à perfeição, aliviando-nos de nossos problemas?

Aparentemente não funciona dessa maneira. H.P.B. declara em *A Doutrina Secreta*: "o homem é o único agente livre na Natureza". Na obra *Viveka Chūdāmani (A Jóia Suprema da Sabedoria)*,[2] de Sri Shankaracharya , e no *Dhammapada*, que supostamente contém as palavras do Buda, há declarações que indicam uma posição especial para o ser humano. O estágio humano é especial. Talvez até mesmo o ponto de vista homocêntrico prevalecente seja uma interpretação errônea da Bíblia e uma distorção da verdade de que existe algo especial na vida humana. A consciência humana é capaz de perceber a própria posição em relação a tudo o mais. Pode questionar os aspectos certos ou errados de tudo o que acontece. Deseja conhecer o porquê e procura agir de acordo com as próprias percepções, impulsos e conceitos. Esses podem estar em contradição com o atual movimento de avanço em virtude da falta de compreensão suficiente. Porém, a beleza está no homem ser *capaz* de compreender, e ele precisa esforçar-se para compreender. Ele pode e precisa saber o que é o Plano Divino, participando de grandes movimentos dirigidos à perfeição, com plena percepção e liberdade. Os outros reinos agem a partir da inteligência inconsciente que lhes é oferecida pela Natureza, sendo sua retidão simplesmente parte da Natureza. Porém, o ser humano não pode fazer isso.

H.P.B. também observa que toda criatura ou ser é um homem incipiente ou já foi homem. Cada qual terá que atravessar este estágio de cooperação consciente com a Vontade divina. Assim, para o ser humano pode não ser possível dizer que toda a vida é um processo e que não surge a questão da mudança fundamental ou da mudança consciente. Todos buscamos conscientemente a mudança; isso é ambição, desejo. Se não houves-

2 Publicado pela Editora Teosófica, 1992. (N.E.)

se desejo consciente de mudança, não teríamos esperanças ou decepções. Obviamente desejamos mudar, porém não tentamos compreender se a mudança está de acordo com as leis da Natureza e se trará progresso real. Desejamos uma mudança que nos satisfaça de imediato. Mas a mudança fundamental significa crescer em percepção e inteligência, compreendendo a beleza de todo o processo divino e com ele cooperando livremente porque é tão maravilhoso fazê-lo. A mudança fundamental ou mudança na direção certa deve ser compreendida por todos os seres humanos mais cedo ou mais tarde, e eles terão de realizá-la por si mesmos.

RH: O que Radha disse é belo e não requer comentários. Existe a possibilidade, no processo normal da evolução, de uma mudança repentina e fundamental ou de mudanças fundamentais que precisam ser concretizadas em alguns pontos na evolução. A mente concreta tem se desenvolvido integralmente; a mente abstrata está no caminho do desenvolvimento e da expressão; e a intuição, o sentimento de unidade e de percepção direta da verdade, desenvolveu-se em muitas almas. Surgiu o momento para alcançar o aspecto mais elevado da consciência, com a possibilidade de expressão e de conscientemente aumentar esta expressão. Estar consciente desse aspecto, dando-lhe toda a oportunidade para despertar, seria de fato uma mudança fundamental em um processo normal de evolução lenta. Então surge o momento para que a flor desabroche e, às vezes, seu florescer pode ser auxiliado ao permitir-se maior incidência da luz do Sol na hora certa.

Qual é a sua visão sobre o Centro Teosófico Internacional em Naarden? Qual é sua tarefa para a S.T. e para a Europa? Qual é a sua relação com a Igreja Católica Liberal? Será que o Centro deveria expandir suas instalações?

RB: Este Centro tem a possibilidade de tornar-se um verdadeiro centro para o trabalho teosófico. O próprio nome sugere que seu trabalho é teosófico. As pessoas que estão interessadas no trabalho da S.T., e na descoberta da sabedoria que é a teosofia, podem aqui encontrar-se e desenvolver debates e diferentes tipos de programas para estimular a investigação. Pode até ser um centro administrativo para o trabalho teosófico na Europa.

Todo centro espiritual deveria ser um local não apenas para reuniões, debates, conversas e organização de atividades, porém também um local onde fosse possível estar tranqüilo, fazer uma introspecção, passar algum tempo em meditação. Se este for um centro dessa natureza, auxiliará tanto a S.T. quanto a Europa e talvez o mundo inteiro, porque aquilo que lançamos na atmosfera se difunde. Assim como é mais difícil acondicionar o vapor do que os objetos sólidos, nos mundos mais sutis, as coisas são menos restringíveis do que nos mundos mais densos. Aquilo que é posto na atmosfera psíquica se espalha, e se emitirmos pensamentos corretos, se tivermos a aspiração para encontrar sabedoria e auxiliar a humanidade, com seriedade em nossos corações, pureza em nossos motivos, as forças meditativas de um centro como este ajudarão o mundo todo e não apenas a Europa. Todo centro espiritual tem essa possibilidade.

Os nossos Irmãos Mais Velhos disseram que em locais onde não se danifica a Natureza reúnem-se entidades invisíveis, anjos e espíritos da Natureza de vários tipos. Qualquer pessoa com sensibilidade pode perceber que a atmosfera de locais de beleza natural é diferente daquela das habitações humanas e de cidades populosas, não apenas porque existem árvores bonitas, mas porque há presenças. Essas presenças não gostam de reunir-se onde pensamentos e emoções discordantes, paixões e rivalidades escurecem a atmosfera, como ocorre nas áreas urbanas. Porém em um centro como este, onde as pessoas se encontram em busca espiritual conjunta, sendo a sua motivação o bem-estar de todas as criaturas, a qualidade dos pensamentos pode ser de tal ordem que atrai não apenas outros seres humanos mas também boas influências invisíveis. Juntos podemos criar um canal maravilhoso. Quanto mais êxito tivermos em criar tal centro – e, à medida que as pessoas de áreas distantes, mesmo se estiverem fisicamente muito distanciadas, se unirem em solidariedade a este empreendimento – tanto mais ele crescerá em força.

Um centro espiritual internacional possui um propósito amplo e sublime e precisamos tentar vê-lo realizado. As instalações são evidentemente algo inadequadas no momento, devendo ser ampliadas. Isso deveria ser feito sem prejudicar a atmosfera ou a beleza natural. Foi isso que procuramos fazer em Adyar. Temos plantado mais árvores, propiciando assim um elo mais estreito com outros reinos da Natureza.

Qual é a relação deste centro com a Igreja Católica Liberal? Não penso que possa ou que deva ser um Centro da Igreja Católica Liberal, embora possa ter o nome de São Miguel. São Miguel representa determinado tipo de inteligência ou poder, e o Centro recebeu seu nome em decorrência disso. Certas atividades inspiram as pessoas a um maior senso de dedicação à regeneração humana. Essas atividades podem ter lugar aqui no Centro: A Távola Redonda, a I.C.L. e atividades semelhantes. Porém penso que o Centro não deveria ser identificado com a I.C.L., porque ela se aproxima da orientação cristã e o Centro terá de transcender qualquer denominação ou imagem específica. Deve ser verdadeiramente internacional e universal.

É muito bom que tenhamos começado com o tema da regeneração humana. No futuro haverá muitas atividades e encontros dessa espécie, assim espero, com debates, pensamentos e meditações sobre questões de natureza séria, assuntos importantes para o progresso espiritual da família humana.

Apêndice A

Relação das questões abordadas na parte II

1 **O Trabalho da Sociedade Teosófica e a Mudança Fundamental no Homem e na Sociedade.**

2 **A Natureza da Mudança**

3 **Regeneração e os Objetivos da Sociedade Teosófica**

Apêndice B

Questões para grupos de estudo?

O Trabalho da S.T. e a Mudança Fundamental no Homem e na Sociedade

a. Como se distingue entre temas fundamentais e secundários, tanto com relação a indivíduos quanto à sociedade humana como um todo?
b. O que constitui a mudança fundamental?
c. Qual é o impacto da mudança fundamental sobre os relacionamentos?
d. De que maneira o objetivo da S.T. de fraternidade universal resolve problemas? Conflitos raciais e étnicos? Crueldade com os animais? Poluição e danos ao meio-ambiente? Conflitos Pessoais?

A Natureza da Mudança

a. É a fraternidade universal um sinônimo de regeneração? Porque os *Mahatmas* nela insistiam como sendo a base do trabalho da S.T.?
b. Estará a autodisciplina relacionada com a obtenção de uma percepção correta e da libertação do egocentrismo?
c. Qual é o processo que conduz da ignorância à sabedoria, do egoísmo à ação altruística?
d. Quais são as diretrizes teosóficas para que se produza uma mudança interna radical?

A Regeneração e os Objetivos da Sociedade Teosófica

a. Constitui a fraternidade universal uma afirmação de igualdade? Caso afirmativo, em que sentido, uma vez que a desigualdade é visível em toda a parte e não pode ser erradicada enquanto houver um processo de evolução?

b. De que forma a verdade é significativa para o desenvolvimento do ser humano?
c. Será possível descobrir uma nova direção de progresso através da percepção da verdade obtida em estudos religiosos, filosóficos e científicos?
d. Toda a religião passou a ser um meio de conflito e exploração. Por outro lado, religião é uma necessidade humana intrínseca. Não deveria, portanto, haver uma definição teosófica de religião?
e. Será que a pesquisa da inteligência e ordem subjacente na Natureza desempenham um papel na transformação da natureza do homem?
f. Como pode um ser humano transcender a sua ignorância a respeito de si mesmo, a qual condiciona gravemente as condições de sua vida e os seus objetivos?

A Nossa Abordagem à Teosofia

a. De que maneira é a teosofia diferente da filosofia, teologia e religião, no sentido comum?
b. O aprendizado intelectual e a sabedoria da alma são diferenciados. Em que reside essa diferença?
c. Como pode o estudo de teosofia ter um impacto sobre a vida diária e ser de auxílio à regeneração?
d. Quais são as provas de nossa compreensão da teosofia e de nossa eficácia na sua apresentação?

Trabalho Individual e Grupal para a Regeneração

a. Que tipo de atividade grupal é relevante à regeneração e de que forma?
b. Seriam a publicidade intensa e as técnicas publicitárias modernas de persuasão das pessoas para crenças, relevantes para o trabalho da S.T.?
c. Será que estamos em uma posição de ensinar, ou consistirá o nosso trabalho em compartilharmos e aprendermos em conjunto?

d. Que tipos de palestras etc., que fazem parte de programas de lojas são relevantes ao objetivo central da transformação?

A Fonte de Energia Espiritual

a. Por que há um ímpeto forte para a busca exterior?
b. Será que a vida mundana e suas compulsões podem ser conciliadas com a necessidade de tornar-se espiritualmente desperto?
c. Quais são as formas de trazer harmonia e ordem para o interior da pessoa? Será isso disciplina?
d. Será que a meditação e a vida diária estão relacionadas? De que forma?

Leia Também

FUNDAMENTOS DA FILOSOFIA ESOTÉRICA

H.P. Blavatsky

O presente livro consiste de uma compilação dos escritos de Helena Petrovna Blavatsky, a grande ocultista russa que viveu no século passado. Extraído principalmente de suas grandes obras – *Ísis Sem Véu* e *A Doutrina Secreta* – o livro apresenta as idéias centrais da Filosofia Esotérica, da sabedoria oculta nas grandes tradições filosófico-religiosas da humanidade.

A obra de Madame Blavatsky influenciou grandes pensadores e artistas do nosso tempo, como Gandhi, Thomas Edison, W.B. Yeats, Mondrian, Kandinsky, Aldous Huxley e Einstein. A evolução do pensamento científico contemporâneo delineia uma visão de mundo marcada pela unidade, inter-relacionamento e integração, características essas que expressam a essência da visão esotérica do mundo.

Fundamentos da Filosofia Esotérica lança luz sobre a natureza do genuíno esoterismo, o qual conduz da ilusão à verdade espiritual, da ignorância à sabedoria que transforma a existência humana e nos leva a compreender o significado interior da vida.

EDITORA TEOSÓFICA

A CHAVE PARA A TEOSOFIA

Helena Petrovna Blavatsky

"Todos os cultos antigos idicam a existência de uma única Teosofia anterior a eles. 'A chave que desvendar um terá de desvendar todos: de outra forma não poderá ser a chave verdadeira'." (Wilder. *Neoplatonismo* e *Alquimia*).

0o0

Em *A Chave para a Teosofia,* que ora perfaz um século, H.P. Blavatsky torna mais acessível, num diálogo de perguntas e respostas, o conteúdo de outra obra sua, *A Doutrina Secreta*, onde a autora tenta evidenciar a existência de um ensinamento esotérico primitivo de onde teriam se derivado as diversas religiões do mundo. Procura-se assim buscar a verdade a respeito dos mistérios do Homem, do ciclo da vida e da morte e seu propósito, da predestinação e do livre-arbítrio, através do estudo de religiões comparadas, filosofia e ciência, num espírito de liberdade de pensamento.

A própria autora cita um ditado popular que define bem a sua vida: "A coroa do inovador é uma coroa de espinhos".

H.P. Blavatsky (1831-1891) foi uma das fundadoras da Sociedade Teosófica (New York, 1875). Embora nascida na Rússia, viveu em inúmeros países, inclusive no Tibete, sempre dedicando-se ao ideal da Fraternidade Universal, mostrando a origem comum dos Homens, tanto biológica quanto espiritual, lutando contra o fanatismo, a hipocrisia, a superstição, o dogmatismo e o preconceito em um século de poucas luzes para uma livre-pensadora. Antecipou-se de tal forma à sua época, pressentindo as direções de desenvolvimento da ciência e do pensamento humano, que chegou a afirmar que sua obra seria verdadeiramente reconhecida cem anos depois.

Convidamos o leitor a constatar este fato por si mesmo.

EDITORA TEOSÓFICA

A VIDA ESPIRITUAL

Annie Besant

A autora desta obra é bastante conhecida pelo estilo de suas conferências e dos seus inúmeos livros nos quais enfatiza aspectos práticos da vida espiritual – a espiritualidade no mundo, dificuldades no dia-a-dia, Teosofia e ética, a devoção, a senda espiritual e o destino evolutivo futuro.

Este livro é uma constante meditação sobre pontos essenciais da vida espiritual. É uma coletânea de artigos publicados na revista "The Theosophical Review", editada por Annie Besant e G.R.S. Mead em Londres, e de palestras proferidas durante suas viagens pelo mundo, duas das quais durante o "Parlamento das Religiões Mundiais" que ocorreu em Chicago em 1893.

EDITORA TEOSÓFICA